国家社科基金青年项目"农民工返乡创业与新农村文化建设的耦
（12CGL018）最终研究成果

经济管理学术文库·管理类

农民工返乡创业与
新时代乡村文化建设耦合机制研究

Research on Coupling Mechanism between Migrant
Workers Returning Home Entrepreneurship and New
Age Rural Cultural Construction

周宇飞　张国政／著

经济管理出版社

ECONOMY & MANAGEMENT PUBLISHING HOUSE

图书在版编目（CIP）数据

农民工返乡创业与新时代乡村文化建设耦合机制研究/周宇飞，张国政著 .—北京：经济管理出版社，2019. 12

ISBN 978-7-5096-6953-2

Ⅰ.①农… Ⅱ.①周… ②张… Ⅲ.①民工—创业—关系—农村文化—建设—研究—中国 Ⅳ.①F323. 6 ②G12

中国版本图书馆 CIP 数据核字（2019）第 288739 号

组稿编辑：郭丽娟
责任编辑：郭丽娟　张莉琼
责任印制：黄章平
责任校对：王淑卿

出版发行：经济管理出版社
　　　　　（北京市海淀区北蜂窝 8 号中雅大厦 A 座 11 层　100038）
网　　址：www. E-mp. com. cn
电　　话：（010）51915602
印　　刷：北京玺诚印务有限公司
经　　销：新华书店
开　　本：720mm×1000mm/16
印　　张：11. 75
字　　数：163 千字
版　　次：2020 年 1 月第 1 版　　2020 年 1 月第 1 次印刷
书　　号：ISBN 978-7-5096-6953-2
定　　价：59. 00 元

前　言

　　"三农问题"是党和政府长期高度关注的问题，起因是长期存在的城乡"二元"结构发展失衡，工农业产品长期存在的"剪刀差"导致乡村经济发展乏力，长期存在的农业人口转移和人才净流出导致乡村文化断层现象日益凸显。国外的一般经济发展理论和乡村发展理论与实践并不一定适合我国农村经济发展的需要。国内学者较多地从管理者角度来分析和解决中国农村发展的某些问题，较少有人从乡村建设的系统性来探索我国农村经济社会发展中出现的新问题、新情况。本书基于乡村振兴视角，拟以乡村建设理论、发展极和产业梯度转移理论、产业集群理论、马斯洛需求层次理论为基础，结合中国农村经济发展的实际情况，归纳出我国乡村振兴战略实施要注重产业与项目引领，农民工返乡创业与新时代乡村文化建设协同发展的学说思想。通过逻辑和理论深化，构建出农民工返乡创业与新时代乡村文化建设共生耦合模型和耦合机制，有助于丰富和发展我国的乡村建设理论。

　　本书从宏观层面比较深入地剖析了乡村文化对农民工返乡创业意愿和行为的影响机制，从文化影响与人的自我价值实现角度探索了农民工返乡创业与新时代乡村文化建设的耦合机制，有利于整合我国"三农"建设资金的使用效率，有利于将我国乡村建设的实践更好地满足农民的需求，有利于推动我国城乡融合发展和一二三产业的有序融合，有利于乡村振兴战略的推进与实施，促进我国社会主义新农村建设和美丽"中国梦"的实现。从微观层面来看，随着美丽乡村建设和田园综合体建设的推进，我国乡村建设体系将更加完善，但是政府、农民和农业企业三方利益主体之间的博弈在一定程度上约束着乡村建设的形式、内涵与可持续发展。本书从新时代乡村文化建设的视角出发，归纳出新时代乡村文化的五个维度，分析了它们对农民及农民创业者的影响，指出了新时代乡村文化在乡村建设、城乡融合发展、三产融合等方面具有重要的导向和推动作用，最终提出促进农民工返乡与新时代乡村文化建设耦合共生发展的政策建议。本书以乡村建设理论、发展经济学和心理学的理论研究为出发点，系统探索农民工返乡创业的意愿和行为、新时代乡村文化建设的积极意义和五个维度及其对农民工返乡创业的影响，期待在推动乡村建设的实践中能增加系统分析和协同发展思维，为我国乡村建设的可持续发展提出了一些针对性建议，通过研究成果的辐射作用，营造了良好的创业氛围，同时也得到了各级政府的重视，国家各部委及地方政府纷纷设立创业基金，向创业者提供无息贷款资助，教育部督促全国各高校成立创新创业学院，高校在课程设置、创新创业师资和创新创业实践等方面开展研究与实践，不少县市成立了农民工返乡创业孵化基地和返乡创业园区，地方政府在创业政策与创业培训方面积极参与，媒体积极参与创新创业事迹的报道，营造了创业的良好氛围。项目负责人多次带领课题组成员深入湖南、贵州、湖北等地农村了解创业情况，并积极指导田园综合体、美丽乡村等乡村建设实践，产生了一定的社会影响和经济效益。

在调研阶段，由于农村劳动力外出务工比例较大，返乡创业的比例不高，并且在项目选择及创业地址等方面存在较大的非均衡性，样本选择和全面调研的难度较大，尽管采取了多种办法调研了多个省份上千份样本，但总体样本容量离预计值还有差距，样本覆盖面还不够广泛，湖南地区的样本占比过高，可能会对研究结论造成一定的影响。乡村振兴战略是一个长期的实践过程，其中会出现许多新型的乡村建设实践模式，本书无法逐一研究农民工返乡创业与新时代乡村文化建设在其中如何耦合共生发展，同时，乡村文化对创业者及其创业行为的影响是长期的、潜移默化的，评价指标可能会在今后的研究中进一步丰富和发展，这也是本书的不足和今后的努力方向。

本书是国家社科基金青年项目"农民工返乡创业与新农村文化建设的耦合机制研究"（12CGL018）的最终研究成果。在前期研究和本书撰写过程中，我得到了不少专家学者的指导和支持，例如，兰勇教授、杨亦民教授、易朝辉副教授、刘舜佳副教授在研究方法和数据分析方面给予了很大的帮助；贺明辉副教授在乡村文化的起源与发展方面提供了很好的研究视角；盛晏副教授在我研究电子商务在农民工返乡创业中的积极作用等方面提供了良好的研究视角；曹十芙研究员在我的研究过程中给予了很多比较中肯的建设性意见并积极协助统稿。本书还得到了陈湘文研究员、周亚明研究员、谢晶莹研究员和肖成晃先生的大力支持与帮助，在此一并表示感谢！此外还要感谢我的学生程诗、熊孝娟、杨涵、杨潮、肖顺利、唐西良、闫丽萍、秦子恒、周雨、王珏璘、胡娟、黄丽丽、彭晓颖、王宇凡、辛宇豪、雷梦宇、鲍杰瑞、王建国、张聪、张般雪等，他们利用暑假克服酷暑深入小城镇和乡村进行问卷调查，为研究提供了大量的第一手调研数据。

六载寒暑，几易其稿，以期抛砖引玉，希望能得到专家和广大读者的批评指正，不胜感激！

周宇飞

2019 年 7 月 28 日

目　录

第一章 绪论

一、研究的背景与意义

（一）研究背景

美国学者柯林·博尔首次在联合国教科文组织召开的"面向 21 世纪教育国际研讨会（北京）"会议上界定"事业心和开拓教育"（enterprise education）的概念，认为教育最终的目标是培养学生将开拓事业的精神与能力相结合起来。创业活动与创业教育研究为社会和学术界所重视，关于创业的学术研究和探讨逐渐成为一个重要的研究领域，具体表现为各种创业学术会议的相继召开和创业相关学术型期刊的出版发行。如 1975 年美国创刊的《美国小企业》，于 1988 年首次以"创业"二字命名，更名为《创业理论与实践》，1985 年，沃顿商学院与纽约大学合作创办《企业创业》学术期刊。

随着我国经济社会的快速发展和资本有机结构的提高，投资、消费和对外贸易这"三驾马车"在带来可观的经济回报和发展红利的同时，也造成了劳动力市场结构性供需失调等严重问题。在全球金融危机爆发后，就业难与用工难交替循环出现成为一种新常态，成为阻碍社会进步与发展的主要社会问题。为降低和消弭金融危机带来的不利影响，我国有关部门和地方政府出台了一系列政策鼓励创新创业，开始探索"以创业带动就业"这一解决就业问题的新途径，为进一步缓解就业压力提供了可能性的指导。2002年，教育部确定以清华大学牵头的9所大学为我国创业教育试点高校基地，在政策及财政上尽可能地给予支持，为探索我国创业教育的基本方法和发展途径创造了有利条件；2005年1月，我国针对大学生的创业基金——"中国大学生西部创业基金"应运而生；同年8月，中华人民共和国劳动保障部发布红头文件，明文要求各地方劳动与社会保障部门要结合当地实际，组织人力、物力到最需要的地方，为有需求的创业高校毕业生提供最前沿的创业培训、个性化的创业指导、免费的咨询服务，保证服务到位；2006年1月初，国务院两部委（财政部、国家发展改革委）下发了《关于对从事个体经营的下岗失业人员和高校毕业生实行收费优惠政策的通知》，明文规定高校毕业生和下岗失业工作人员或者是从事个体经营的，从工商部门登记注册之日起算至3年内，可免除7种类型收费的优惠政策；2007年10月，在中共十七大报告中胡锦涛总书记明确指出要把创业就业扩大到、上升到国家的发展战略，以创业带动就业机制，成为彻底解决就业难题的指导性文件；在2009年3月的国务院政府工作报告中，温家宝总理阐述了当前的就业政策，强调要想方设法促进就业，明确提出要"加快步伐建设一大批投资少、见效快、覆盖面宽的创业园、创业孵化基地来充实就业成果"；在2010年国务院政府工作报告中提出要"拓宽就业、鼓励自主创业、自主择业、创业渠道，自谋职业等多种形式的灵活就业，以创业带动就业"；李克强总理在2015年政府工作报告中进一步提出要"推进'大众创业、万众创新'"；中共十八大报告提出要大力实施创新驱动发展战略，明确要坚持走中国特色自主创新道路；习近平总书记在中共十九大报告中进一步提出要"深化供给侧结构性改革……激发和保护企业家精神，鼓励更多社会主体投身创新创业"。在此背景下，各级地方政府纷纷响应党和国家号召，努力构建扶持自主创业的政策环境。

（二）研究的意义

在现阶段，我国社会的主要矛盾已经发生了根本变化，"人民日益增长的美好生活需要和不平衡不充分的发展之间的矛盾"成为当前社会的主要矛盾，经济建设和社会发展的目的是满足人民的美好生活需求，文化自信在社会经济发展中的作用日益凸显，人民群众越来越希望中华优秀传统文化能够得到大力弘扬，渴求能留得住美丽乡愁。在国家和政府政策大力支持下，越来越多的人选择了自主创业，其中农民工是自主创业的一个大群体，他们更希望通过自己的创业实践来提高家庭的生活品质，改善家乡经济文化落后的现状，提升家乡的美好人居环境。在机遇与挑战并存的情况下，研究农民工返乡创业与新时代乡村文化建设耦合共生发展是时代发展的要求，是提高美丽乡村建设质量的要求，也是乡村振兴战略全面推进的内在要求，更是社会和谐、绿色、可持续发展的要求，归根结底是实现中华民族伟大复兴中国梦的要求。

鼓励和支持农民工返乡创业，一是可以通过创业带动就业，实现农民工就近工作，有效解决留守儿童、空巢老人、夫妻分居等社会问题；二是可以优化农村产业发展结构和农村劳动力结构，促进农业提质增效、农民增收，改善地方财政收入结构；三是可以促进农村市场的发展和完善，提高农产品的市场化水平，促进农业产业链的横向整合和纵向延伸，推动三产融合和城乡融合发展；四是可以移风易俗，推进社会主义新时代乡村文化建设。而创业环境是农民工返乡创业的重要影响因素，农村商业文化环境、创业文化环境是创业环境的重要组成部分。通过推动新时代乡村文化建设，创造良好的创业环境和营造浓厚的创业氛围，让农民工通过返乡创业切实获得政策红利，以及改革开放和社会经济发展带来的经济红利，可以使创新创业活动成为美丽乡村建设新的增长极。研究农民工返乡创业与新时代乡村文化建设的耦合机制，找到一条两者协同并进的可持续发展道路，对促进农村三产融合和城乡融合发展，促进农村物质文明建设、精神文明建设、和谐社会建设具有重大的现实意义和深远的历史意义。

二、相关概念界定和理论基础

（一）相关概念界定

返乡农民工：本书中的主体是返乡创业的农民工，特指在外出务工一段时间后，积累了一定知识或技能，有强烈的回家乡创业意愿且具备一定经济实力的农村劳动力人群。

自主创业：《现代汉语词典》中定义"创业"是指创办事业。杰弗里·蒂蒙斯（Jeffry A. Timmons）定义创业为："创业是一种思考、推理和行为方式，它受机会所驱动，需具备全盘考虑并拥有过人的领导才能。创业必须要贡献出其他的机会成本，承担财务的、精神和社会等不可预见的风险，并及时获得金钱回报、个人满足、独立自主的过程。"刘先明则认为："创业是指个人发现某种可被利用的信息、机会、资源或掌握某种技术，利用平台、载体、媒介，将其发现的信息、机会、资源或掌握的技术，以特定的方式，转换、创造更多财富和价值，从而实现个人或集体追求其目标的过程。"我们认为"自主创业"概念的提出主要目的是与传统的就业模式和概念相区分，在创业过程中强调的是劳动者的主动性。

新时代乡村文化：指新时代的乡村文化，它脱胎于中国传统文化，并植根于新时代中国特色社会主义建设实践，它来源于中国传统文化中的精华部分，如勤劳善良、勤俭节约、团结互助、爱国爱家等，摒弃了封建迷信等一些不利于社会发展的糟粕，同时也吸收了现代商业社会的精华，如创新、竞争等观念。

耦合和耦合机制：耦合最初是物理学概念，它是指多个电器元件的输入与输出之间在某种场的作用下会发生相互影响作用，在这种场的相互作用下能量从一个元件向另一个元件传输的现象。随着系统理论的扩展，耦合的概念逐渐用于社会科学研究中，例如，任继周（1999）提出了生态系统耦合的概念，认为性质相近的生态系统在一定的条件下会结合成一个更高级别的结构或功能体，耦合后的新系统会导致生态系统的进化和生产力水平的提高。黄金川、方创琳（2003）将耦合概念引申到城市生态环境研究中，认为城市生态环境耦合就是将城市和生态环境两个系统通过耦合元素产生相互作用后彼此影响的现象。熊勇清、李世才（2010）则将物理学的耦合概念延伸到产业之间关系的研究中，认为产业耦合是一种以系统论为基础的各产业间彼此依赖、协调和促进的动态关联关系。此外，研究者们尝试在生态、农学、地理、经济管理、社会学及彼此间的交叉领域利用耦合思路来分析和解决问题，如有学者针对我国林业产业与森林生态系统耦合的影响因素来构建系统动力学模型，并对这个模型的灵敏度进行了仿真分析。也有学者基于旅游经济与生态环境耦合态势模型来构建综合评价指标体系。还有学者运用灰色关联分析与系统动力学两种方法对学科群与战略性新兴产业的耦合度开展研究。本书基于物理学概念和上述学者们的研究成果，认为耦合是多个（两个或两个以上）性质相近的事物之间具有互相影响的趋势，在某种环境下，它们可以共享资源、相互促进、共生发展，在消耗更少资源的条件下促使事物更好地发展。这种共享资源、相互促进、共生发展的过程以及影响耦合效率的环境因素（包含政策）就是耦合机制。

（二）理论基础

1. 乡村建设理论

我国乡村建设理论的建立和实践始于 20 世纪初期，彼时中国农业生产力落后，国家政治时局动荡和军阀混战此起彼伏，广大农村受天灾人祸影响导致经济衰败、文化凋零。最早开展乡村建设实验的是米春明（米鉴三）和米迪刚父子，他们早在 1904 年就开始进行"村治"实验来推动乡村建设，米氏父子的"村治"实验主要通过开展识字教育、推行公民教育、改良乡规民俗等手段来改善乡村教育、农业、卫生、保卫、路政和风俗。1914 年，米氏父子的"村治"实验得到定县县长孙发绪的认可与支持，1915 年，内务部颁布了《地方自治试行条例》并宣布重新实施地方自治，孙发绪立刻拨款 300 元给翟城村，并正式启动村庄自治规划。东渡日本学成归来后的米迪刚借鉴日本乡村自治建设的经验，为翟城的乡村自治实验注入更多的现代因素，他从村治的规模、村长的聘任模式，到村长的行政职能都一一做了具体的规定。这一模式受到阎锡山的赏识，阎锡山随后在山西组织开展乡村建设运动。

20 世纪 20 年代，晏阳初和梁漱溟对我国农村发展的现状进行分析和广泛的社会调查后，先后提出了建设乡村的思路和建议。晏阳初于 1923 年在北京成立中华平民教育促进会并担任总干事，1926 年中华平民教育促进会成立乡村教育部，并选择河北省定县翟城村为平民教育的实验试点，开展乡村教育实践，晏阳初提出了平民教育和乡村建设理论，认为"愚、穷、弱、私"是中国农村的主要问题，指出执政者进行乡村建设的重点必须要先"农民化"再"化农民"，大力开展生计、公民、文艺、卫生等教育，并采用社会、学校、家庭多种方式来进行乡村建设，强调乡村建设要做到物质文明建设与精神文明建设相结合，他认为平民教育的目标是塑造民族的新人格和促进民族的新团结，使民族再造成为有觉悟、有道德、有公共心、有团结力的新民族。梁漱溟早在五四运动时期就提出了以加强乡村教育为核心的乡村建设思想，他提出：乡村是中国经济社会发展的核心基础，人类所有的精神文明发展创造都是从乡村延伸出来的。中国的所有问题聚焦后都可以归结为乡村发展的问题或是乡村治理的问题，政府或地方要从乡村入手，把政治、经济重心融入乡村，重新构造一个全新的社会，坚信"世界未来文化就是中国文化的复兴"。他于1928年开始在河南进行短期的村治实验，1931年在山东邹平进行了为期7年的乡村建设运动，并推广到全省十几个县。梁漱溟的这种乡村建设模式被称为"邹平模式"，具体做法是以乡农学校作为乡村治理政教合一的机关，通过乡农学校行使传授知识、文化道德教化和社会管理的职能，通过向农民开展安分守法的伦理道德教育来保障社会安定，通过组建乡村自卫团体来维护乡村治安，通过组建农村合作社来推动乡村经济发展，以谋取"乡村文明"和"乡村都市化"途径来改造中国。

中华人民共和国成立后，中共中央在初期就明确提出了过渡时期建设农村的总路线，开始引导农村向社会主义社会过渡，掀起了乡村建设的新高潮。1949年冬开始通过开展土地改革构建全新的农村经济、政治和文化基础，让全国3亿多无地少地农民无偿获得约7亿亩土地，农业生产的积极性和效率得到极大提高，中国农村开始向现代化迈进。从1951年2月开始到1956年完成对个体农业的社会主义改造，1952年11月中共中央成立由邓子恢任部长的农村工作部，通过互助合作的方式来开展农村的社会主义建设。在这一阶段通过制定政策，积极组织群众改进农业生产技术、组织开展爱国丰产运动、大力推进农田水利建设、推进城乡物资交流，农村出现农民丰衣足食、安居乐业的新面貌；1956年1月26日《人民日报》公布《一九五六年到一九六七年全国农业发展纲要（草案）》（以下简称《纲要》），开始规划社会主义新农村建设思路，《纲要》除了强调农业生产合作社的发展任务和目标及如何发展农业和农副业生产要求外，还针对如何改善包括农村居住、道路和通信等基础设施条件，如何加强农村文化、教育、医疗卫生等公共事业建设做了全面具体的规划。但

"文化大革命"让我国乡村建设步入迷茫期，导致乡村建设滞后10年，直至1978年十一届三中全会召开，中国乡村建设才再次步入正轨，农村经济社会随之发生变化。改革开放后，农村改革全方位启动，国家先后出台多个中央一号文件来规范农村的建设与发展，为乡村建设注入新的活力，极大地推动了我国乡村建设的步伐和力度。在2005年召开的十六届五中全会上，中共中央提出要按照"生产发展、生活富裕、乡风文明、村容整洁、管理民主"要求建设社会主义新农村的战略规划，并对全面建设小康社会做了总体部署。2013年中央一号文件《中共中央 国务院关于加快发展现代农业进一步增强农村发展活力的若干意见》提出要推进农村生态文明建设，努力建设美丽乡村，农业部随后开展了2014年中国最美休闲乡村和中国美丽田园推介活动。习近平总书记2013年7月23日在湖北省鄂州市长港镇峒山村考察时，针对美丽乡村建设提出了指导性意见。

2017年习近平总书记在中共十九大报告中提出要按照"产业兴旺、生态宜居、乡风文明、治理有效、生活富裕"的总要求实施乡村振兴战略，2018年中央一号文件《中共中央 国务院关于实施乡村振兴战略的意见》对乡村振兴战略的重大意义和总体要求作了详细说明，提出要提升农业发展质量、推进乡村绿色发展、繁荣兴盛农村文化，乡村建设将在新时代进入一个全新的高速发展时期。

2. 增长极与产业梯度转移理论

法国经济学家弗朗索瓦·佩鲁（F. Perroux）最早提出并运用增长极（growth pole）概念。在其《经济空间：理论的应用（1950）》《略论发展极的概念（1955）》等著作中，首先以"增长极"来解释"不平等动力学"或"支配学"的不平衡增长理论，也就是经济增长会出现某种极端的现象。他在书中解释，"经济增长的空间并非同时出现，而是首先出现在增长点或增长极上，它们以不同的强度出现，然后通过条件的不同向不同的渠道扩散，从而影响到整个经济"。佩鲁联系空间地理学原理，从经济空间出发，进行类比推理，认为经济空间也同样存在着若干个中心、力场或极，产生类似物理磁场中的磁极，表现为各种离心力和向心力，从而产生相互关联的场，由于场受到的力非常复杂，即经济空间始终处在非平衡状况的极化过程之中。佩鲁正是基于这种受力场的中心假定确定了他的增长极理论，增长极是经济空间中的经济部门，而不是简单的一个区位、一个点，更多的是位于经济空间极点上的推进型经济部门。增长极由于区位优势等自身优势往往本身具有较强创新能力和增长能力，并表现为以外部经济和产业关联为基础的乘数扩张效应，进而推动其他产业的增长，局部形成经济区域和经济网络的态势。产生这种后果的根本原因在于其有较强的创新能力。具有创新能力经济空间的元素往往在经济空间中处于支配地位，不具备经济空间创新能力的元素则往往处于被支配地位。处于支配地位的经济空间元素由于自身具有优势，它的增长和创新会反过来诱导、推动其他非经济空间元素的发展。增长极的形成要满足三个条件：一是在局部地区内存在创新能力的企业群体或者是企业家群体。因为经济发展从某种程度上来说就是企业家的创新活动的结果。二是要具有规模经济效益的经济实体支撑。增长极除了创新能力和自身优势外，还需有外部环境的共同作用，如外部资本、先进技术和人才优势，通过巨额投资扩大所在地区的经济规模，提高技术水平和经济效益，从而达到规模经济实现规模效益。三是要经济发展比较宽松的外部环境。外部环境包括基础硬件设施、向好的市场环境和政策引导。只有充分具备这些基础条件，才能更好地融入资本、人才和技术，实现最终的发展。增长极理论主要是强调创新、集聚发展的思路。

产业梯度转移理论产生于日本学者赤松要的雁行理论，并由此衍生而来。雁行理论主要研究产业发展的过程，赤松要以日本经济作为实证基础，提出产业发展的三个阶段会经历进口产品、进口替代、出口导向，三个阶段交替出现。产业梯度转移会由高梯度国家进入低梯度国家，两国的产业结构也会发生深刻的升级。随后日本多名经济学家对该理论进行了延伸，补充和完善了产业梯度转移模式和规律。产业梯度转移理论涵盖的经济学范畴较广，包括社会、经济、产业、技术、要素、文化、环境等。其中产业梯度指的是某类产业在组织内结构水平的高低，这种差距导致产业结构的高低分层，从而出现梯度差。其形成原因主要是各地区各区域的生产资料要素禀赋、技术水平、产业分工是否明确等差异。产业梯度理论是揭示产业内外部的作用机制和运行规律的一种比较成熟的理论，在运用中具有较好的解释力度，并对产业梯度的合理有效利用方式进行了说明。弗农在20世纪60年代提出的产品生命周期理论也被看作是产业梯度转移理论的基础。产品生命周期是指一般产品都要经历形成、成长、成熟、衰退的运动周期，由于各国技术水平不尽相同，导致两国生产同类产品的生命周期存在时差，为了降低成本，国际间的产业转移就显得很重要了。假如把产业生命周期理论与区域经济学相结合，便产生了区域经济发展的梯度转移理论。从客观上分析，国与国之间、区域与区域之间必定存在着经济发展水平差距、技术差距和资源要素禀赋差异等，外在表现为国家之间和区域之间的产业梯度差，高梯度地区往往具有资本、技术等方面的优势，低梯度地区由于处于劣势只能通过寻求新的机会、被动接受高梯度地区的扩散与转移得以发展。高梯度地区由于占据多种要素优势，在产业技术、生产活动方面逐渐向低梯度区域进行战略转移，产业的发展遵循先在高梯度地区发展成熟再有计划地转移到低梯度地区的规律。

瑞典经济学家缪尔达尔（1957）认为，产业转移具有某种回波效应，生产要素如果从落后区流向发达区将会加剧区域内局部的经济差距。这种论断实际上验证了产业转移的经济梯度是有序依次进行的，从较高的一端向较低的一端进行转移，经济发达地区的经济溢出效应带动不发达地区快速发展。从而对产业梯度的研究上升到一个高度，即由静态层面上升为动态层面，静态梯度理论的定位固定化被突破了，避免了静态梯度理论的僵化局面，为产业梯度理论的发展提供了新视角。

美国经济学家威廉姆森（1965）提出倒"U"型理论以及阿朗索

（1980）提出的钟形发展理论都在不同程度上将时间变量引入经济发展水平中，并从动态出发，其理论核心观点是经济发展水平随时间的推移，必然会导致区域间发展不平衡。在经济发展的早期阶段，区域收入差异会出现先扩大到极点后再缩小的变化趋势，这些理论实际上是梯度推移机理的运用和完善，使研究更贴近实际。除了产业梯度转移理论，在思想主题上隐含了梯度理论内核的区域分工理论——地域分工与区际贸易最重要的理论，对产业梯度的研究具有相互借鉴的指导意义。区域分工理论从相对梯度、绝对梯度、禀赋梯度等视角去分析区域间产业转移问题。对此，从产业梯度的视角来审视，地区间的要素梯度落差可由生产要素禀赋差异决定。

3. 产业集群理论

产业集群是对现实产业集聚现象的生动描述。产业集群中的企业不仅表现在空间聚集，而且在产业分工中紧密地合作，并通过庞杂错乱的网络与世界紧密联系在一起。这种集聚爆发式的发展方式，健全了企业的专业分工协作体系，为打造地方区域品牌、形成规模化专业市场打下了坚实的基础。通过集聚区企业之间的要素流动，有利于资源共享、技术相互促进、生产成本降低，能够加强区域内企业的竞争合作，增强区域内企业对外的整体竞争力。产业集群理论在形成和发展的过程中形成了不同的流派：英国著名经济学家马歇尔提出了产业区理论，他在19世纪90年代初期就发现，企业为了实现规模效益而不自觉地形成聚集，并通过集聚取得信息共享、人才共享、资金共享、技术借鉴等为了行业发展和市场发展的现象。通过调查和企业资料整理后提出了产业区理论，认为产业区内具备独有的环境优势与特点是企业集聚现象产生的根本原因。德国社会学家阿尔弗雷德·韦伯（1909）提出了工业区位理论，他对工业企业的产业聚集进行了细分，并对产业集群分为两阶段进行具体考察。第一阶段（聚集的初级阶段）是单个企业规模的扩张导致产业逐渐集中，企业成立后为了发展都会努力扩大自己的规模来获取竞争优势，在简单的扩张过程中完成产业集中。第二阶段（聚集的高级阶段）是大企业对其他同类企业的吸附过程，在这一阶段大企业通过自身优势来吸引其他企业集聚，企业间通过聚集来获取共同利益，大企业之间是否合作通过企业自身权衡后自由选择。该观点的提出打破了以往的限制，分阶段进行分析更有利于反映企业真实情况，为充实理论提供了良好的实践基础。法国经济学家弗朗索瓦·佩鲁（Francois Perroux）教授于1945年通过增长极理论来研究产业集聚现象，他认为在分析产业集群对企业影响的同时，还应该分析这类集群对集聚区域经济发展的作用，即是否推动了区域经济发展。这一理论观点的提出充实和弥补了政府在促进产业集聚形成与发展过程中的作用等方面的研究空白。苏联经济学家科洛索夫斯基（1969）提出区域生产综合体理论，他认为区域生产综合体可以由国家进行投资建立，通过统筹安排，让专业化企业与关联企业、上下游依附性企业在区域内集中生产，可以让企业共享政府投入的基础设施，节约生产成本。这一理论强调了政府在产业集聚发展中的作用，我国中西部地区在承接发达地区产业转移的过程中，采取了集中建立"承接产业转移工业园区"，并对入园企业进行选择，这些措施和手段或多或少都有科洛索夫斯基理论的影子。

美国区域经济学家埃德加·M. 胡佛（1948）对产业集群的分析非常独特，他研究的视角是非集群企业的发展历程，进而提出产业集群的最佳规模论。其理论的核心是，企业集群内规模应该适度，规模过大会导致企业集群整体经济效益损失，过小则无法形成规模效应。该观点提出，地方政府在发展产业集群时，不可盲目追求企业集群的数量，应控制企业数量及规模。美国经济学家保罗·克鲁格曼（1990）运用新经济地理学视角分析了产业聚集，他认为影响产业聚集的主要因素是生产要素移动、企业报酬、成本。该理论对产业聚集引入国际贸易相关理论进行分析，通过产业聚集降低贸易成本，要发展产业集聚就要关注产业空间格局的多样化、空间配置。

哈佛大学商学院教授迈克尔·波特（1998）在其成名作《竞争战略》中提到产业集群的含义，因此被公认为是产业集群理论的开拓者。迈克尔·波特认为，一个国家内部通过发挥自身产业特色建立有比较优势的产业集群，可最大限度地发挥产业竞争优势，进而增强整个国家竞争优势的积累。这一理论也成为国与国之间分析竞争关系的最好写照。在指导国内企业（产业）转移的同时，也需要考虑区域间的竞争关系。产业集群理论在指导国家进行宏观调控，制定和颁布重大国家政策时必须要参考的一大理论，是政府在企业（产业）转移调控中的准绳和方法。无论是运用在产业转出地，还是产业承接地，都有值得研究的地方，它在推动区域经济发展，扩大产业链条上的观点，包括很多产业发展的研究都是需要借鉴的。

4. 马斯洛需求层次理论

美国著名社会心理学家亚伯拉罕·马斯洛（Maslow）是需求层次理论的开创者，该理论假定人是社会人，在社会生活中人有五类需求，如同梯田一样由低到高，逐层上升，这五种需求由低到高分别为：生理需求、安全需求、社交需求、尊重需求、自我实现需求。亚伯拉罕·马斯洛认为，不同民族的人们拥有不同的民族文化、阶级历史、风俗习惯、人情冷暖，但不管差异有多大，却有着相同的需求愿望，而这种需求都是一个结构性的整体。具体而言，五种需求层次逐级递升，就像阶梯一样，但次序并不是固定的，可以在允许的范围内有微小的变化，当然也有特殊情况。该理论的核心思想认为，只要是人就有需求，只是需求层次不一样。在某一时间段，对某一需求的不一样，那么这一时段的需求就占据主导优势，其他需求就处于暂时不重要的位置，只有第一需求得到满足时，才能进入其他需求，这样循环往复，形成一个链条，当某一种需求得到满足时那么就会得到精神上的满足，具有激励作用。这种需求都具有层次叠加的特点，或者有重复叠合的特征，只有低层次需求得到满足后，高层次需求才能有希望得到满足，但是需求内部也会相互影响，有时需求得到满足时那么可能会受到其他需求的影响，而得不到更完整的高层次需求。人的需求总是在运动中变化，不同年龄段有不同年龄段的需求，受到外界的影响很多，而且与人的欲望相联系。人的需求也受到经济水平、社会地位、人际关系的影响，即人的需求不是天生的，而是要受到外部环境的影响。在欠发达国家，人们普遍关注的是安全、生理需求，只有这些需求得到满足后才能得到其他更高层次需求。其中，生理需求是人类维持生存的最基本要求，是最强烈的低层次需求，也是推动人类社会发展最强大的动力；安全需求则包括职业安全、劳动安全、生活家庭稳定、人身生命安全等；社交需求主要是情感和归属的需求；尊重需求可分为他尊、自尊和权力欲。

农民工返乡创业与新时代乡村文化建设耦合机制研究正是基于这样的理论前提，农民工返乡创业能为乡村振兴战略的实施提供人力、财力、智力支持，创业活动是乡村振兴战略的有效载体，也是新时代乡村文化延续和创新发展的载体，而新时代乡村文化建设能够进一步发挥引导和吸纳农民工返乡创业，从而促进乡村经济和社会发展，两者的耦合发展是乡村振兴的最优战略选择。

三、研究方法与过程

（一）研究方法

农民工返乡创业问题较复杂，涉及很多学科门类，包括经济学、政治学、社会学、教育学、心理学等，必须从多学科多视角进行综合考察其内外关系，只有这样才能更加清楚本书的研究方向和目标。因此，本书主要方法是基于模糊区间理论的定量方法，运用问卷调查做实证分析。通过实地问卷调查和典型调查收集所需数据，利用计量经济学的基本方法和手段对统计数据进行定量分析，并进行归纳总结，根据结论及返乡农民工的实际需求，制定相应的方案。力争坚持协同发展理念，运用经济学、社会学、心理学、管理学等多学科知识对农民工返乡创业问题进行研究，理论联系实践深入基层，推动农民工返乡创业与新时代乡村文化建设协同发展，促进农村经济与社会和谐发展。基于协同发展视角，运用完全信息静态博弈和不完全信息动态博弈方法，探索政府、农民和新时代乡村文化三方的相互影响机制。将计量经济学的模糊区间理论和心理学的锚定理论运用到研究中来，进行了较大样本数量的问卷调查，所有样本选择坚持远、中、近结合的科学分布规律，所有问卷坚持入户调查方式，确保了数据来源的真实与准确，在定量与定性分析相结合的基础上，运用增长极、产业梯度转移和产业集群理论分析解释了农民工返乡创业与新时代乡村文化建设共生耦合发展促进农村社会经济发展的可行性和路径。

围绕农民工返乡创业和新时代乡村文化建设存在耦合关系为出发点，从乡村建设理论、增长极与产业梯度转移理论、马斯洛需求层次理论着手，研究农民工返乡创业与新时代乡村文化建设协同发展的耦合机制，希望找到一条农村经济发展和新时代乡村文化建设协同发展的可持续道路，并明确提出政府在制定激励机制时应该将两者有机结合起来，做到资源的合理有效的配置。本书有别于从单一角度研究三农问题的研究，后者往往容易将三农问题与农民的需求、文化生态发展等割裂开来。所以项目在理论基础上考虑了乡村建设理论、增长极与产业梯度转移理论、产业集群理论、马斯洛需求层次理论在乡村振兴战略实施中的协同作用机理，基于文化建设与返乡创业耦合共生的融合视角来研究新农村建设问题。

针对返乡农民工自主创业过程中的问题进行深入的走访调查，基本厘清了农民工创业初期规划理想化、创业形式化的特点。创业集中在以个体经营为主、三产业为辅的特征，提出从机遇和挑战两个方面构建农民工返乡创业过程中的社会支持网络，重构完善的主观支持体系，建构健全的政策支持体系和系统的教育支持体系。基于 TBP 理论的农民工返乡创业意愿及行为的影响模型，实证分析了影响农民工返乡创业意愿及行为的关键文化因素。基于基层组织如何发挥服务职能视角，对地方政府如何切实扶持农民工返乡创业进行了调查研究。基于金融机构发挥社会服务功能视角，比较分析了各类农村金融组织在扶持农民工返乡创业与新时代乡村文化建设中的困惑、机遇、途径和保障措施。系统地构建了农民工返乡创业与新时代乡村文化建设共生耦合模型，并探析了模型的运行机制和效率。

（二）研究技术路线图

本书的研究技术路线图如图 1-1 所示。

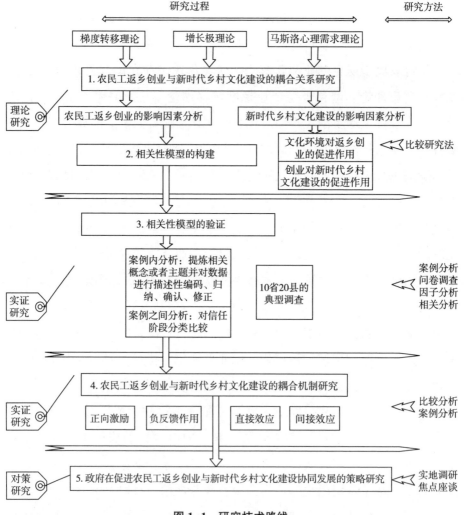

图 1-1　研究技术路线

（三）研究过程

资料收集与整理阶段：在课题申报的基础上，继续收集和整理最新学术文献，熟悉国内外创新创业特别是农民工返乡创业与新时代乡村文化建设的新动态，进一步理清本书的研究范围、研究思路及内容。全面梳理乡村建设、经济增长与马斯洛需求层次等理论基础，深入剖析农民工返乡创业与新时代乡村文化建设耦合共生的政策背景和社会环境。

问卷调查与走访阶段：全面梳理乡村文化发展的历史沿革，归纳其阶段性发展特征。在总结归纳农村经济发展增长极和承接产业转移理论的基础上，重点研究产业集群理论在农村经济发展中的应用。通过实地走访和入户调查等方式对湖南、贵州、重庆等地开展调研，全面搜集农民工返乡创业与新时代乡村文化建设耦合发展的数据，分析我国农民工返乡创业和乡村文化建设的现实状况。

调研与交流学习阶段：全面梳理农民工返乡创业的必要性和对促进农村经济发展的积极作用，研究中西部地区农民工返乡创业面临的困境及破解策略，归纳总结农村文化基础设施建设与利用的情况，指导学生围绕这一主题开展的科创项目被学校立项。根据前期调研情况撰写学术论文，积极参与国际学术会议交流。继续进行实地走访和入户调查，补充完善调研数据。

数据处理与论文写作阶段：运用马斯洛需求层次理论，从心理锚定视角研究新时代乡村文化对农民工返乡创业行为的影响因素，并撰写学术论文。基于金融支持视角研究了农民工返乡创业的金融支持体系，并撰写多篇学术论文，指导学生围绕这一主题开展科创项目。

归纳总结与撰写研究报告阶段：基于乡村建设理论、增长极与产业梯度转移理论、产业集群理论和马斯洛需求层次理论协同促进乡村振兴战略实施的理论框架，构建了农民工返乡创业与新时代乡村文化建设共生耦合发展模型与机制。基于增长极和乡村建设理论，从新时代文化视角，采用二元 Logistic 模型研究了农民工返乡创业意愿的影响因素，并撰写了系列论文。

第二章 研究综述

随着党和国家对创新创业的重视程度不断加大，创新创业教育和创业管理成为科学研究的重点，具体体现在"创业"及相关论文的公开发表数量上，我国期刊发表的第一篇创业论文是吴仁洪翻译彼得·德鲁克的《美国的创业经济》，发表在1984年9月刊的《国际经济评论》中，随后介绍美国创业思想和创业课程体系的学术论文相继见刊。图2-1是中国知网里搜索题目包含"创业"关键词的论文数量统计图。从图中可以看

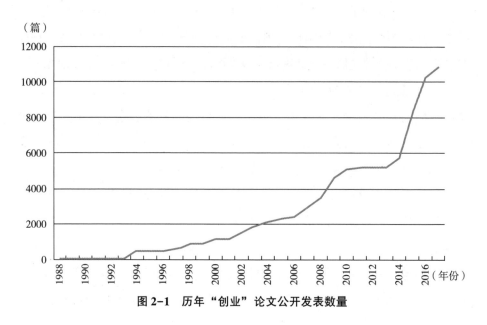

图2-1 历年"创业"论文公开发表数量

出，1990 年的发文量首次突破 100 篇，1999 年的发文量首次突破 1000 篇，2002 年以后取得了快速发展（这与中共十六大召开，教育部确定了开展创业教育试点高校政策出台相关），十八大后创业研究论文数量开始又一波的快速增长，2015 年发文量达到 8324 篇，2016 年发文量突破 10000 篇大关。综合文献梳理情况来看，目前关于农民工返乡创业及文化对创新创业的影响的研究成果可以分为以下几类。

一、关于农民工返乡创业的研究

（一）农民工返乡创业的动因研究

李含琳（2008）从经济学角度对农民工返乡创业的原因进行了分析，他认为主要有六个方面的原因：一是随着农民工资金、技术的积累，返乡创业意愿强烈；二是外出务工经历有利于培养农民工的创业能力；三是随着经济社会的发展，城乡劳动力的双向流动已成趋势；四是沿海地区产业升级带来的产业梯度转移是农民工返乡创业的深层次动因；五是城乡二元结构造成的体制性障碍是农民工选择返乡创业的外部推动力；六是新农村建设的现实需要。

黄建新（2008）认为，农民工返乡创业的动因取决于个体在社会结构动态构建的过程，包括农民工在外出务工时获得各种机会的过程、个体社会资本和人力资本积累的过程、个体实现多方资源整合的过程、个体职业和身份定位的过程。

张明林、喻林、傅春（2009）认为，从创业准备上来说是因为在打工过程中积累了经济、人力和社会资本；从创业机遇来说是因为金融危机加剧了产业由沿海到内地的梯度转移；从生产要素角度来说是因为金融危机造成沿海地区大量农民工失业返乡带来的优秀劳动力资源。

(二) 关于农民工返乡创业意愿及其影响因素的研究

石智雷、谭宇、吴海涛 (2008) 通过对 1019 位返乡农民工调查数据的分析，认为影响农民工返乡创业行为和创业意愿的因素包括家庭经济状况、个体的文化程度、个人信仰和生产积极性。研究结果表明有共产主义信仰，参加过技能培训及从事过加工制造业和个体经营的农民工，返乡创业意愿更强。

朱红根 (2010) 等运用二元 Logistic 模型分析了江西省 1145 个返乡农民工调查数据，他们认为在农民工个体及家庭特征因素中，年龄、性别、婚姻状况、文化程度、从业资格、技能获取、风险态度、家庭人均纯收入及外出务工收入等因素对其返乡创业意愿有重要影响；在社会资本因素中，每月话费支出、常联系的朋友个数、亲戚担任村干部或公务员状况对农民工返乡创业意愿影响显著。此外，政策支持力度也是影响农民工返乡创业意愿的重要因素。

魏凤、闫芃燕 (2012) 分析了西部 5 省 14 县 998 个返乡农民工创业的调查数据，结果表明：创业者基本特征、能力特征、环境特征对西部返乡农民工创业模式选择均有显著影响。其中，个体组织形式、政府政策支持、自有资金、合伙组织形式和银行贷款对创业模式选择有显著正向影响；婚姻状况对批发零售模式、交际能力对建筑建材模式、风险承担能力对批发零售模式和居民服务模式、机会识别能力对居民服务模式、经验技能对居民服务模式和餐饮模式的选择有显著正向影响；年龄、家庭年收入对创业模式选择具有显著的负向影响；性别对批发零售模式、行业壁垒对建筑建材模式具有显著的负向影响。

陶欣、庄晋财 (2012) 认为，农民工的乡土情怀会增强其返乡创业的意愿，但农民工的群体特征 (如文化水平偏低、低风险偏好、强关系社会网络) 则会对其返乡创业的实施过程产生负面的影响。他们提出政府要确保扶持农民工返乡创业政策的有效性，特别要注意以下几个方面：农民工的创业能力培训、简化创业审批程序、给予资金扶持等方面。

熊智伟、王征兵（2012）基于 TPB 理论，利用因子分析和结构方程模型分析了江西省 17 个县 262 名返乡创业农民工有效样本数据，从主观规范、创业态度、风险感知和感知行为控制四个潜变量来研究返乡农民工创业意愿影响路径，他们认为中国农民工创业正处于生存型创业和机会型创业并立状态，并有逐步向机会型创业过渡的趋势；风险感知和家庭成员意见均对农民工创业意愿形成产生影响。

陈文超、陈雯、江立华（2014）通过对 2949 名农民工追踪调查发现，得出三点主要结论：一是年龄、教育对农民工创业的影响并不呈现因果线性关系，年龄层面中年人和文化程度处于中等或以上的农民工相对更容易选择返乡创业，创业的热情也较高；二是家庭因素较其他因素更为突出，与地位获得、政策刺激、市场利益因素相比，家庭因素对个体返乡创业的影响比重更大；三是在社会环境等外部扶持创业力度低时，往往单一的优惠政策刺激不了农民工返乡创业，只有当社会扶助力度达到一定程度时，才能真正刺激农民工返乡创业。

（三）关于返乡农民工创业教育的研究

阳立高、廖进中等（2008）通过对湖南省 14 个市（州）农民工创业的调查研究，认为湖南地区引导农民工返乡创业的一条重要经验就是做好针对农民工的免费培训服务，通过这种免费服务可以提高农民工的市场竞争能力，同时也降低了当地企业的运营成本，社会经济效益明显。

张军、安月兴（2009）认为，农民工返乡给就业形势原本就十分严峻的农村带来新的压力，2008 年全球金融危机爆发后中国出现了大规模的农民工返乡潮。要解决这一问题，可以通过农民工创业教育培训来提高农民工的素质和就业技能，加强返乡农民工创业教育对于助推农民工返乡就业创业和推动新农村建设具有积极作用。

汪三贵、刘湘琳等（2010）Ordered Probit 模型对河南省 256 名返乡农民工的截面数据进行实证分析，认为人力资本和社会资本会直接影响农民工的返乡创业意愿和行为，而人力资本中的高等教育和职业培训因素发挥了更为显著的影响作用。建议地方政府要建立健全农村职业技术培训体系，加强对外出务工前农民的职业培训。

曾青云、邱平、孙卫星（2010）认为，国际金融风暴折射出我国农民工现代社会基本生存与发展能力不足，也凸显出农民工再就业教育的艰巨性与复杂性。针对旨在提高农民工能力的再就业教育，"元功能"培养无疑是不可或缺的核心要素，而关键是构建以就业能力培训为基点的教育体系，营造以创业能力培养为重点的社会环境，建立以提升学习能力为中心的学习模式。

胡豹（2010）认为，返乡创业农民工虽然具备了一定的创业基础，但是实际创业能力还不高，在分析返乡农民工的创业能力结构的基础上，将影响返乡农民工创业能力的因素分解为自身因素、体制性因素、外部环境因素和社会文化因素等，最后提出提升返乡农民工创业能力的主要路径是加大前期教育、后期培训和信贷支持。

（四）关于农民工返乡创业激励机制的研究

重庆市涪陵区委党校课题组（2011）认为，返乡农民工在创业过程中面临诸如政府扶持力度不够、创业资金短缺、融资困难、税费负担较重、农民工自身素质不足等问题。促进农民工返乡创业必须切实转变政府职能、加强职业技术培训、加大宣传工作力度、保障政策连续性和公平性、构建农民工返乡创业保障和激励机制、创新金融服务，解决创业资金不足的问题，实施积极的人才扶持政策。

张秀娥、张峥、刘洋（2010）认为，要想更好地鼓励和引导外出务工农民利用所学到的技术和经验返回家乡去创业，就要分析促使农民工返乡创业的动机，了解影响其返乡创业的因素，进而根据各地的实际情况，制定出更好的扶持政策来吸引和扶持外出务工农民返乡创业。

李录堂、王建华（2009）通过对返乡农民工创业激励机理的研究发现，只有激励约束相容才能真正实现创业。返乡农民工自身素质低、创业能力不足，创业环境差以及创业政策缺失等内外因素共同制约了返乡农民工创业的发生和发展，为鼓励返乡农民工创业和培育创业激励机制，迫切需要采取一系列的措施，政策、金融支持、风险防范等激励机制是引导返乡农民工创业的主要途径。

郭志仪、金沙（2009）认为，农民工创业过程中面临着多种困难，其中贷款难、用地难、技术水平低和创业环境差等问题日益突出。政府要强化农民工返乡创业的宏观指导，优化创业环境，健全创业引导、辅导和激励机制，在税费减免、金融信贷、建设用地、创业服务等方面予以扶持。

二、关于乡村文化建设的研究与实践

梁漱溟先生早在五四运动时期就提出了以加强乡村教育为核心的乡村建设思想，他认为，中国农村贫穷落后的重要原因是西洋文化对中国乡村文化的冲击和破坏，并在此基础上分析了中西文化的差异，他指出"中国问题症结在于文化失调，而并非其他问题。而如果出现严重文化失调现象，将会导致政治层面的无力与社会结构混乱"，但他始终坚信"世界未来文化就是中国文化的复兴"，所以梁漱溟的乡村建设思想的一个最主要特点就是对农村新文化的不断探索，他认为，"中国不但不适合跟随欧洲近代民主政治道路，也不适合照搬苏联俄罗斯的道路，唯有将革新中国文化为宗旨，坚定不移进行乡村建设"。晏阳初则提出了平民教育和乡村建设理论，他在定县的实验中特别重视乡村文化建设，认为"愚、穷、弱、私"是中国农村的主要问题，他在定县实验中通过"文艺、生计、卫生、公民"四大教育来加以治理，他认为文艺教育的意义在于促进乡村的文化生活，以文化来增进科学知识的普及，增加对美好事物和生活的欣赏能力。晏阳初强调乡村建设要做到物质文明与精神文明建设相结合，他认为平民教育的目标是塑造民族的新人格和促进民族的新团结，使民族再造成为有觉悟、有道德、有公共心、有团结力的新民族。

乡村建设实验的时代背景是 20 世纪初期，中国农业生产力落后，国家政治时局动荡和军阀混战此起彼伏，广大农村受天灾人祸影响导致经济衰败、文化凋零。在这一阶段还有不少有识之士在进行乡村建设实验，例如，米氏父子在河北定县翟城村开展的"村治"运动，通过开展公民教育来教村民识字并尝试乡村实行地方自治，这一模式受到阎锡山的赏识，阎锡山随后在山西组织开展乡村建设运动；卢作孚在重庆北碚开展的乡村工业化建设实验，卢作孚是第一个在中国正式提出"乡村建设"概念的人，他的乡村建设思路概括起来有三点：一是通过整治环境卫生、拓宽道路及绿化环境来改善和建设乡民的居住环境；二是大力兴办各种经济事业，如兴办铁路、煤矿、染织厂和银行等，以改善乡民的生活水平；三是通过创办医院、图书馆、运动场、公园、学校等文化事业和社会公共事业来提升乡民的知识水平和文化素养；黄炎培和中华职业教育社开展的徐公桥实验，徐公桥实验推行"富教合一"模式，即通过开展职业教育在帮助乡民改善生活条件的同时提高他们的知识水平和文化道德程度，先后成立了农村生活事务所、乡村改进会、接待合作社，改良农事、提高公共卫生水平、移风易俗和禁绝烟毒，"其教育目的，在使全区儿童完全入学，不识字之青年成人完全减除，知识开明，风俗敦厚，发挥互爱互助之精神，共谋本区文化之进展"。周浩如（1933）认为，徐公桥实验开展两年后就"已经长得那样美丽了"，他充分肯定了徐公桥实验在组织、教育、建设、治安、卫生、农事、经济、风俗和村容九个方面取得了巨大成就，他在文后感叹"一湾一湾的绿水，开著一段一段的田亩，划成一个一个的村庄……这种充满诗意的乡村风景，便是徐公桥的真实写照"。朱考金、姚兆余（2007）认为，徐工桥实验在发展农村经济、改善农民生活、提高乡民教育水平、改善地方医疗卫生水平、进化社会风气、营造文明乡风等方面探索出了一条乡村建设之路。陶行知秉承"知行合一"的生活教育理论，于1927年3月建立南京晓庄试验乡村师范学校，实施教育与农业生产劳动和社会生活相结合的新教育模式，教育的目标在于培养学生具有"康健的体魄、农夫的身手、科学的头脑、艺术的兴趣和改造社会的精神"，陶行知先生的"知行合一"教育理念对我国乃至世界的教育产生了深远影响。这些乡村建设实验的核心理念是农村影响国家的政治、经济和文化，认为乡村是文化之本，乡村建设的根本目的是文化改良的运动，旨在通过救济乡村、建设乡村来创造新文化，通过新文化来改造社会。

近期学者关于新时代乡村文化建设的研究集中在几个方面：一是关于新时代乡村文化建设的必要性研究，徐平（2006）认为，农村文化建设既能丰富农民的精神文化生活，也能转变农民的思想观念和提高农民的文化素养，还能激发农民的创新精神，所以加强农村文化建设是农村发展的必然要求。赵霞（2011）认为，乡村文化内生于乡村，以独特的生活秩序和道德规范约束着人们的行为并维护社会的稳定。但是城市化和工业化进程的快速推进解构了传统乡村文化，传统道德碎片化和乡村精英的标杆作用衰竭使乡村文化失去了群众认同基础，他提出要通过价值重建方式来构建新的乡村文化，通过建立乡村文化与城市文化的"互哺"机制并以先进文化引领乡村文化建设。李佳（2012）则认为，乡村社会随着农村劳动力的净流出而出现重大变局，乡村文化面临困境，为了避免乡村意义（历史感和存在感）消失，必须通过"再生产"模式来重建乡村文化。赵旭东、孙笑非（2017）认为，乡村文化是中国传统文化的根基，尽管城乡二元结构让乡村文化逐渐负面化，但乡村文化的传承在从传统向现代的演变中是一个动态的过程，其文化的本质会因其核心深植于社会发展之中并烙刻着无法言说的文化认同而持续存在，因此需要对中国乡村文化进行"再生产"，以发挥其维系乡村秩序的潜在基石作用。二是对我国农村文化建设落后的现状及原因研究，全国农村文化联合调查组的调查结果显示：我国农村文化发展滞后的原因可总结为"投入不足、技术环境变化、体制不顺、社会结构转型等因素的综合"。朱保安（2005）认为，我国当前农村文化建设中存在着部分农村干部过于注重经济建设而对文化建设不够重视的问题，农村文化设施建设由于人员和经费不足而严重滞后，农村文化市场发育不足及管理不善导致"黄赌毒"屡禁不止和封建迷信死灰复燃。李佳（2012）认为乡土社会变局，乡土中国逐渐变成离土中国，村民的历史感和当地感逐渐淡化，传统的乡村意义逐渐坍塌，从而带来乡村文化的发展困境。三是关于新时代乡村文化建设对策的研究，主要是围绕农村文化基建、农村人力资源建设、加大资金投入力度、提高基层领导认知、丰富农村文化生活、挖掘优秀农村文化资源几个方面聚焦。李佳（2012）提出，政府要先后通过意识形态建设和经济建设来指导和参与乡村文化塑造，要充分发挥市场机制对乡村文化建设的推进作用，更要重视传统原生力量对乡村文化的影响力。朱保安（2005）提出，要提高领导尤其是"一把手"重视农村文化建设的意识，要多渠道筹集经费来加强农村文化阵地建设，要打造品牌、建设团队、加大宣传、提高村民参与度来建设农村特色文化，要加大农村文化市场的管理力度确保农村文化市场健康发展。徐平（2006）提出，首先要重视发挥家庭的社会功能，其次要大力加强社区在精神文明建设中的组织功能和作用，最后要通过"城镇化"来推动乡镇文化建设，以城镇反哺农村、以工业反哺农业的途径加大农村文化基础设施建设。

三、关于文化对创新创业影响的研究

庞朴（2008）认为，文化是指某一个群体或社会所共享的原始假定、行为规范、习俗及价值观，经过长期的历史积淀，对人们的社会心理和行为发挥着重要影响的非物质精神产物。文化的影响途径主要是通过锚定效应（anchoring effect），锚定效应对人的影响是潜移默化的。锚定效应是指人们对某事件做定量化估测时，会将特定值作为起始参考值，起始值像锚一样固定不动，制约着估测值。在做决策时，决策者会不自觉地对最初获得的信息给予足够重视。实验证明：当决策者随机确定的数字存在差异时，所得出的结果也就大相径庭。大多数研究者认为，效应在许多情况下是潜意识不自觉生成的，是人的一种本性，这种本性的存在。容易导致人们在实际决策中形成误差，影响结果的真实性。锚定效应在诸多领域判断和决策问题的研究中得到验证，同时从日常生活中的现象到市场风险预测，从一般知识性问题到商业谈判、自我效能评估，在现场实验和真实情境中，研究者从不同角度证明锚定效应是一种普遍存在的、十分活跃又难以消除的判断偏差。

关于文化与创新创业的研究，最早可以追溯到文化与创造力的研究，美国学者阿瑞提在20世纪中期提出文化是人的创造力的心理根源，他认为犹太人之所以能取得令人瞩目的成就，并不是因为他们在生物学意义上比非犹太人优秀，而是因为在犹太人环境中占据优势的那些社会文化因素。费孝通（1995）通过研究晋商现象后发现，晋商在包头的票号或钱庄的财东十有八九是山西祁县及附近人，他把这种现象产生的原因归结于家族文化和乡土文化对创业的影响，并认为晋商的成功之道除了抓住了历史发展机遇和具备独特的地缘优势之外，人的素质起到了很大的作用，而文化对人的影响最为关键，当地的财商文化培育了祁县人敢冒风险、善于与人结伙合作的创业品质；而祁县人厚道、讲信用、反对巧取营私的伦理文化基因孕育了晋商的理财与管理哲学。张武升和肖庆顺（2015）进一步提出，文化之所以是创造力之源，就在于蕴含其中的创造"基因"，文化转化为个人创造力须经历对多样文化的接触交流、理解认同、融合建构等。GLOBE研究识别出了文化的多个维度及其相关性，赵向阳等人借鉴

GLOBE 的研究成果来分析文化对创业的影响机制，并提出了文化习俗要比文化价值观对创业活动的影响可能更直接、更大、更容易察觉。才凤伟（2013）认为，自身客观条件和动机决定了创业发生的必要前提。从客观角度看，自身年龄、性别和文化程度都会对创业产生深远影响，同时个人拥有的资源也会影响其创业与否的选择；从内在动机来看，对自身处境的重视和对子女未来的考虑成为农民工创业的双重推动力。魏凤、张海丽（2012）通过 AHP 模型和模糊综合评价法对西部农民工创业环境进行评价，发现区域文化对农民工创业有重要影响，认为区域文化是创业行为的原动力。还有学者则分析了文化基础设施及保障措施对农民工返乡创业的作用。

四、关于返乡创业与文化建设关系的研究

学术界对农民工返乡创业与新时代乡村文化建设两者间相互关系的直接研究几乎没有，但我们在文献的研究中发现不少学者认可两者间存在相互促进关系。如辛秋水（2010）认为，农村文化建设离不开人才的回流，提出要改变农村的根本贫困，首先是要改变我国的贫困文化面貌，而改变贫困文化面貌首先要改变的就是人；吴理财和夏国锋（2007）认为，农村经济发展有利于农村文化建设，他们提到从贫困的视角考量农民文化问题，需要把主要精力集中放在农村经济发展和实现农民致富上，支持农民工返乡创业有利于农村经济发展；赵海涛（2017）提出，创业环境对农民工返乡创业有正向激励作用，农村的创新、创业文化是创业环境的一个重要方面。

综上所述，目前已有不少文献从不同视角对农民工返乡创业进行了分析，为本书提供了理论基础，提供了很多有价值的参考。学术界对农民工

返乡创业的研究集中在创业类型、创业特征、影响因素以及创业对农村经济发展的作用等方面。对新时代乡村文化建设的研究主要集中在推进新时代乡村文化建设的必要性、我国新时代乡村文化建设落后的现状、障碍因素和促进新时代乡村文化建设的对策等几个方面。目前，研究两者之间的关系、促进两者创新协同发展方面的研究尚不多见，基于文化视域来研究农民工返乡创业的文献尤其缺乏，这是项目研究的基本出发点。本书在充分吸收和借鉴现有研究成果的基础上，坚持系统协同发展观点，将增长极与产业梯度转移理论与乡村振兴战略视角相结合、整合产业集群理论与乡村发展理论，通过分析在新农村建设中如何提高返乡农民工创业的积极性和成功率来研究农民工返乡创业问题。根据庞朴关于文化的定义并借鉴GLOBE研究关于文化维度的划分，我们将新时代乡村文化分解为学习文化、政策文化、信息文化、亲情文化和就业观五个维度，基于湖南等16个省（市、自治区）944份有效调查数据进行统计分析，探讨影响农民工返乡创业行为的文化因素及其相互影响机制，并构建出农民工返乡创业与新时代乡村文化建设耦合机制，提出了保障耦合机制良性运行的政策建议。

第三章 返乡农民工个体特征与创业能力分析

一、样本分布情况

本书的实证数据来自项目组从 2012 年开始进行的新时代乡村文化建设与农民工返乡创业意向调研，调研前后历时 4 年，调研对象涉及广东、湖南、宁夏、内蒙古、湖北、云南、天津、甘肃、贵州、吉林、河北、陕西、广西、上海、重庆、安徽 16 个省（市、自治区）为了保障调查数据的真实性，项目组采取入户问卷调查和访谈的方式进行调研，为了确保能获取调查对象的真实意愿，项目组对调研员反复进行培训，并要求调研员在入户调查时要和调研对象讲清问卷中每道问题的含义，确保不会产生歧义。

在样本分布上，项目遵循了覆盖面积全、兼顾重点原则，在时间经费许可的范围内，在全国范围内尽可能多的地区进行调研，为了保证研究的深入和数据的可靠性，项目组决定选择 1～2 个省进行重点调研。考虑到湖南省是一个传统的劳务输出大省，大量的农业剩余劳动力转移到珠三角和长三角地区务工，根据国家统计局湖南调查总队调研结果，湖南省 2012 年外出农民工人数达到 1056.9 万，其中 51.7% 的农民工将务工地点选择在了广东省；2014 年湖南省外出农民工总人数为 1206.8 万人，其中跨省流动 819.4 万人，跨省流动农民工有 93.5% 流向东部地区。同时，在地域条件上来说，湖南省紧邻广东省，是东部地区产业向中西部地区梯度转移的重要承接地，为农民工返乡创业提供了良好的外部条件。从调研的便利性来说，项目组成员大部分都是湖南省高校的教师，选择湖南省作为重点调研地区具有独到的便利性。由此，项目组认为湖南省具备研究农民工返乡创业和新时代乡村文化建设耦合机制的典型性和代表性，适合作为重点地区进行调研。项目在湖南省选择的调查地区为岳阳市的汨罗市和华容县，娄底市的涟源县、双峰县和新化县，常德市的汉寿县、桃源县和石门县，郴州市的桂阳县，湘西土家族苗族自治州的麻阳县和芦溪县。全国范围内共回收有效问卷 944 份，其中，湖南省回收有效问卷 384 份：岳阳市 67 份、娄底市 87 份、常德市 81 份、郴州市 60 份、湘西土家族苗族自治州 89 份。

二、个体特征分析

从调查对象的年龄分布情况来看，52.44% 的受访者年龄在 25~40 岁，22.88% 的受访者年龄在 25 岁以下，18.11% 的受访者年龄在 41~50 岁，50 岁以上的比例仅为 6.57%（见图 3-1）。

调查发现，农民工外出务工的年龄上限为 50 岁，50 岁以上的农村劳动力由于多方原因导致外出务工的竞争力下降，或者难以适应务工岗位要求。同时务工人群中低龄人口比例较大，务工经济对农村社会经济影响深远。从调查对象的学历分布情况来看，初中学历层次的受访者最多，占比

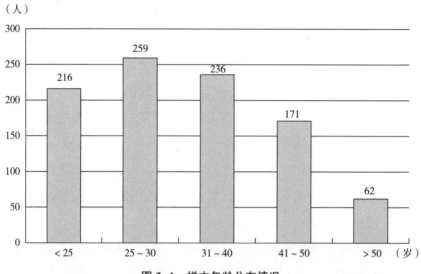

图 3-1 样本年龄分布情况

为 32.52%，其次是高中文化层次的受访者，占比为 27.33%，大专及以上文化层次的受访者占比为 25.85%，小学文化层次的受访者占比为 14.3%（见图 3-2）。

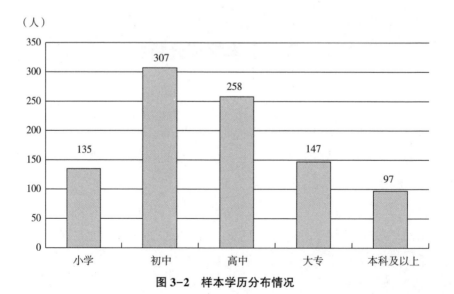

图 3-2 样本学历分布情况

调查中发现，中小学生中途辍学外出务工的情况比较严重，外出务工挣钱效应对农村基础教育的冲击较大，读书无用论的观点在不少乡村盛行，务工挣钱成为不少农村家长和孩子的成才之路。调查中还发现，农村中考上大学的学生普遍不愿意将户口转到就读大学，毕业后就业选择也大多为东部地区或者内地大城市，工作性质多为聘用用工，因此广义上讲还是属于农民工，这也是高学历层次的受访者占比较高的原因。从调查对象的行业分布情况来看，样本的行业集中度很高，41.52%的受访者工作最长时间的行业为制造业，28.92%的受访者工作最长时间的行业为服务业，18.11%的受访者工作最长时间的行业为建筑业，从事其他行业的占比仅为2.86%（见图3-3）。

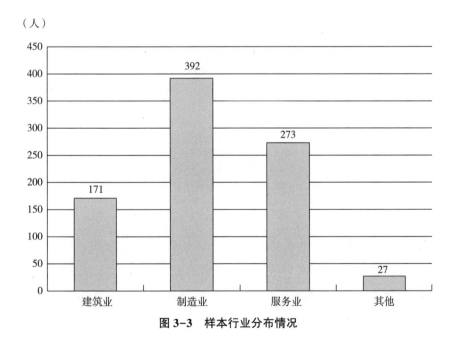

（人）

图3-3 样本行业分布情况

调查中发现，绝大部分的受访者在外出务工时行业选择为传统的老三样：制造业、建筑业和服务业。这些行业普遍对知识要求不高，更注重培养员工的单一技能，员工的再学习积极性不高，缺乏职业规划，大多习惯于两点一线的生活，业余生活比较单一，喜欢打牌、玩手机。从调查对象的婚育情况来看，未婚的占比27.86%，已婚的占比70.23%，选择其他的占比2.86%，其中已婚的受访者中暂无子女的占比15.36%，已婚有孩子且一直待在身边的占比24.15%，已婚有孩子且孩子很少待在身边的占比30.72%（见图3-4）。

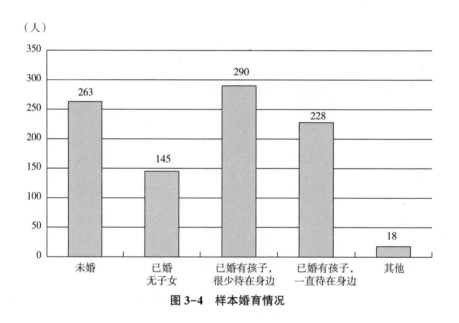

图3-4　样本婚育情况

　　调查中发现务工人群中选择将小孩放在家乡由老人照看的情况还很严重，但是越来越多的务工者认识到隔代教育和留守儿童问题的严重性，因此会想方设法创造条件将小孩送到县城甚至务工所在地上学，让小孩接受更好的教育。调查中还发现受访者的就业观还是认同传统意义上的相对比较稳定的工作，如在"理想的职业"选项上，有22.35%的受访者认为是公务员，有23.92%的受访者认为是事业单位，有23.83%的受访者认为理想职业是技术岗位的工作，有20.13%的受访者认为理想职业是自己当老板，但是仅有 7.73% 的受访者看好企业销售人员这一岗位，说明大部分的农民工缺乏创业意识，尚未认识到创业能力培养对创业的重要性。

三、创业能力分析

（一）信息获取能力及对比分析

1. 与家人好友的联系方式

调查中发现，务工人群的联系方式大多为手机联系，表明随着社会经济的发展，我国的通信基础设施建设已经取得了较好的基础，手机的普及率较高，亲戚朋友之间的联系非常便捷（见表 3-1）。对比有创业意愿和无创业意愿的调查对象，发现无创业意愿的务工人群更喜欢用手机联系（89%），而有创业意愿的人群选择用固定电话联系的比例（14%）和采用信件联系的比例（5%）均要大于无创业意愿人群的比例（分别为 9% 和 2%）（见图 3-5）。

表 3-1　与家人好友的联系方式

单位：人

创业意愿	托人捎信	写信	固定电话	手机
有	1	38	93	548
无	0	5	23	236
合计	1	43	116	784

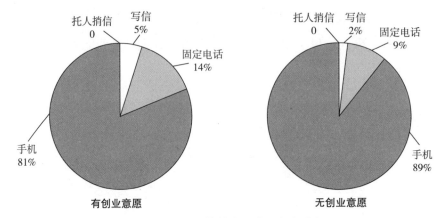

图 3-5　不同群体的主要联系方式对比

2. 主要上网方式

如表 3-2、图 3-6 所示，通过对受访者主要上网方式的调查，很少上网的人员比例为 19.3%，绝大部分的受访者有上网经历，其中通过家里宽带和手机上网的人群比例最高，合计比例达到了 69.4%。对比分析发现：有创业意愿人群上网比例（85%）要高于无创业意愿人群的上网比例（70%），有创业意愿人群通过家里宽带上网的比例（35%）要远远高于无创业意愿的比例（17%）。无创业意愿人群上网方式呈现两极分化的态势，有 30% 的人很少上网，有 43% 的人更倾向于手机上网方式。

表 3-2　主要上网方式

单位：人

创业意愿	很少上网	网吧	在单位上网	家里宽带	手机上网	其他
有	104	61	18	234	261	2
无	78	17	7	46	114	2
合计	182	78	25	280	375	4

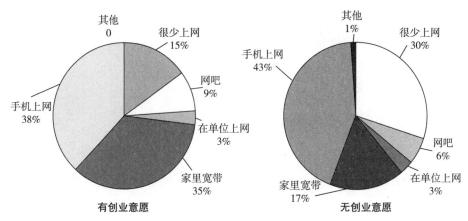

图 3-6　不同群体的主要上网方式对比

3. 创业信息主要来源

如表 3-3 所示，调查发现，受访者的创业信息来源主要是通过朋友和网络两种方式，其中 52.5% 的创业信息来源为朋友渠道，19.2% 的创业信息来源为网络信息，通过官方渠道和自己进行调查的相对比较少。对比分析发现：无创业意愿人群更容易受朋友意见的影响（61%），而有创业意向人群这一比例为（49%），有创业意愿人群更善于通过网络和自己调查来获取信息（分别为 22% 和 11%），而无创业意愿人群通过网络和自己调查的比例分别为 12% 和 9%（见图 3-7）。

表 3-3　创业信息主要来源

单位：人

创业意愿	政府	朋友	自己调查	报纸杂志	网络	其他
有	55	332	75	58	150	10
无	25	156	24	20	31	0
合计	80	496	99	78	181	10

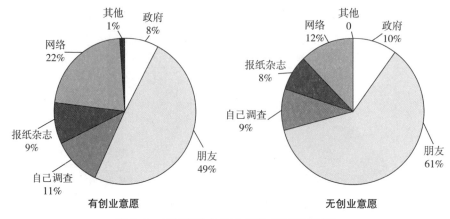

图 3-7　不同群体的创业信息主要来源对比

调查结果表明，农民工获取信息的条件良好，基础设施有保障，但是获取信息的能力还相对不足，对比分析还发现，有创业意愿人群在信息交流方式、信息来源渠道以及对信息获取条件的重视程度上都要优于无创业意愿人群。产生这种现象的可能原因：一是有创业意愿人群的文化程度相对较高，对信息的处理和分析能力更强；二是有创业意愿人群的工作条件相对较好，对网络建设和固定电话等信息来源渠道更加重视。

(二) 创业政策把握能力及对比分析

1. 对返乡创业政策的了解及对比分析

如表 3-4 所示，调查发现，受访者对当地的创业政策关注不够，对政策的了解程度较低，累计有 45.8% 的人认为当地没有创业政策或不知道有没有创业政策，明确表示知道有创业政策并认可创业政策作用的比例仅为 11.5%。对比分析发现，对创业政策的了解程度，有创业意愿人群和无创业意愿人群相差不大，由此可见，创业政策的普及程度有待加强（见图 3-8）。

表 3-4　对创业政策了解情况统计

单位：人

创业意愿	没有政策	不知道有没有	听说过，但是不清楚	知道，但是没有什么用	知道，政策有作用
有	79	224	244	50	83
无	21	108	93	16	26
合计	100	332	337	66	109

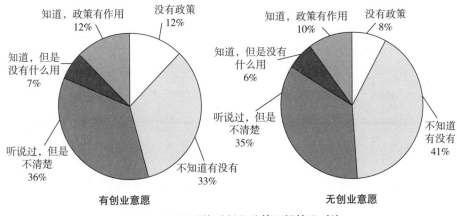

图 3-8　不同群体对创业政策了解情况对比

2. 对创业园区的了解情况及对比分析

创业园区能为创业者提供创业场所、资金帮扶、政策优惠和市场推广等方面的便利。如表 3-5 所示，从对创业园区的了解情况来看，29.4%的受访者认为家乡没有创业园区，51.8%的受访者认为家乡正在筹办创业园区，16.7%的受访者表示家乡已经有了创业园区。对比分析发现：在有创业意愿人群中，27%的受访者认为家乡没有创业园区，54%的受访者认为家乡正在筹办创业园区，18%的受访者表示家乡有创业园区；而在无创业意愿人群中，有35%的受访者认为家乡没有创业园区，47%的创业者认为家乡正在筹办创业园区，15%的受访者表示家乡有创业园区（见图 3-9）。调查发现，在调研阶段我国不少地方已经或者开始筹办农民工返乡创业园区，当地政府对于吸引和鼓励农民工返乡创业开始进入实践阶段。对比分析发现，有创业意愿人群所在地的创业园区建设情况要优于无创业意愿人群所在地的。

表3-5 对创业园区了解情况统计

单位：人

创业意愿	没有	听说正在筹办	有	其他
有	185	366	119	10
无	93	123	39	9
合计	278	489	158	19

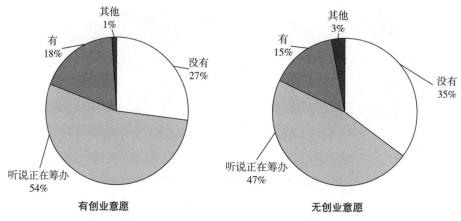

图3-9 不同群体对创业园区了解情况对比

3. 对创业贷款政策了解情况及对比分析

如表3-6所示，调查发现，受访者对创业贷款政策的了解程度不高，无创业意愿人群中43%的人认为当地没有创业贷款政策，只有8%的人知道创业贷款政策，5%的人认为创业贷款政策对自己没有什么用；有创业意愿人群的了解情况稍微好些，31%的人认为当地没有创业政策，19%的人知道当地有创业贷款政策，8%的人认为当地的创业贷款政策对自己没有什么用。两组人群都有37%的人承认听说过创业贷款政策，但并不清楚政策的具体内容和要求（见图3-10）。

表3-6　对创业贷款政策了解情况统计

单位：人

创业意愿	不知道有没有	没有政策	听说过，但是不清楚	知道，但是没有什么用	如果创业，准备申请
有	90	213	250	56	71
无	31	113	97	14	9
合计	121	326	347	70	80

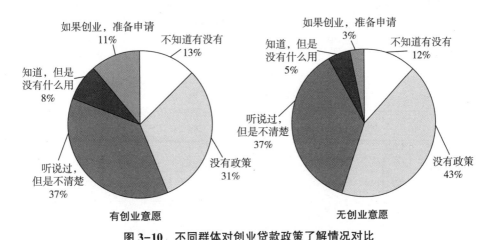

图3-10　不同群体对创业贷款政策了解情况对比

（三）创业素质和对比分析

1. 文化程度及对比分析

如表3-7、图3-11所示，调查发现，受访者的文化程度普遍不高，其中，初中和高中学历所占比例为60%。在无创业意愿人群中：26%的人为小学学历，37%的人为初中学历，18%的人为高中学历，大专学历比例为7%，本科及以上学历比例为11%；在有创业意愿人群中：8%的人为小学学历，31%的人为初中学历，31%的人为高中学历，大专学历比例为19%，本科及以上学历比例为10%。对比分析发现，有创业意愿人群的文化程度要远优于无创业意愿人群的。

表 3-7 文化程度调查统计

单位：人

创业意愿	小学	初中	高中	大专	本科及以上	其他
有	59	209	210	128	67	7
无	67	98	48	19	30	2
合计	126	307	258	147	97	9

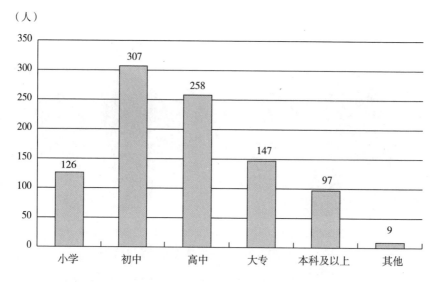

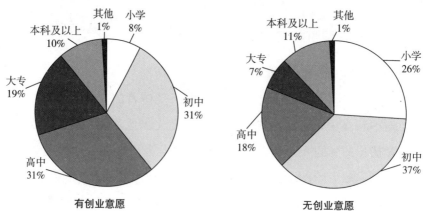

图 3-11 不同群体的文化程度对比

2. 自我学习情况及对比分析

如表3-8所示，调查发现，受访者自我学习的热情不高，学习的自觉性不强，从未去过乡村图书室的比例为38%，而能坚持一个月去一次及以上频率的比例仅为32.6%。无创业意愿人群中：55%的人从没有去过图书室，7%的人一年去一次，11%的人一季度去一次，13%的人一月去一次，12%的人一周去一次；有创业意愿人群中：31%的人从没有去过图书室，15%的人一年去一次，16%的人一季度去一次，19%的人一月去一次，17%的人一周去一次（见图3-12）。可见，在自我学习能力上，有创业意愿人群普遍优于无创业意愿人群。

表 3-8　自我学习情况调查统计

单位：人

创业意愿	从没有去过	一年一次	一季度一次	一月一次	一周一次	其他
有	215	103	110	127	114	11
无	144	19	30	35	32	4
合计	359	122	140	162	146	15

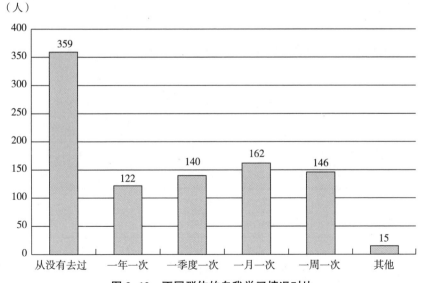

图 3-12　不同群体的自我学习情况对比

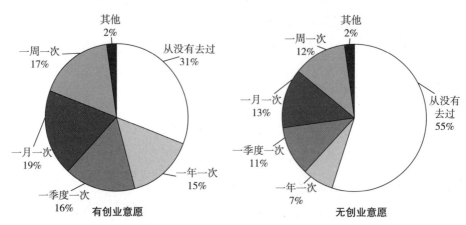

图 3-12 不同群体的自我学习情况对比（续）

3. 技能培训情况及对比分析

如表 3-9 所示，在技能培训方面，72%的受访者没有接受过技能培训，参加过两次及以上技能培训的比例仅为 7.2%。其中，有创业意愿人群中：68%的人没有参加过技能培训，24%的人参加过一次技能培训，8%的人参加过两次及以上技能培训；在无创业意愿人群中：82%的人没有参加过技能培训，14%的人参加过一次技能培训，只有 4%的人参加过两次及以上的技能培训（见图 3-13）。对比分析可以看出，有创业意愿人群中有更多的人接受过技能培训。

表 3-9 技能培训情况调查统计

单位：人

创业意愿	没有	参加过一次	参加过两次及以上
有	463	160	57
无	217	36	11
合计	680	196	68

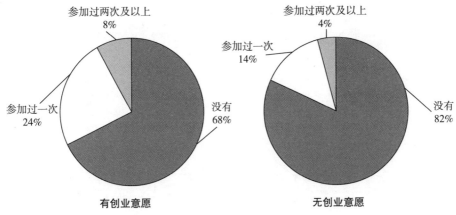

图 3-13 不同群体的技能培训情况对比

4. 创业培训情况及对比分析

如表 3-10 所示，在接受创业培训方面，70.7%的受访者没有接受过技能培训，参加过两次及以上技能培训的比例不足 6.3%。其中，有创业意愿人群中：67%的人没有参加过创业培训，26%的人参加过一次创业培训，7%的人参加过两次及以上创业培训；在无创业意愿人群中：80%的人没有参加过创业培训，15%的人参加过一次创业培训，只有 5%的人参加过两次及以上的创业培训（见图 3-14）。对比分析可以看出，有创业意愿的人群有更多的人接受过创业培训。

表 3-10 创业培训情况调查统计

单位：人

创业意愿	没有	参加过一次	参加过两次及以上
有	457	177	46
无	210	41	13
合计	667	218	59

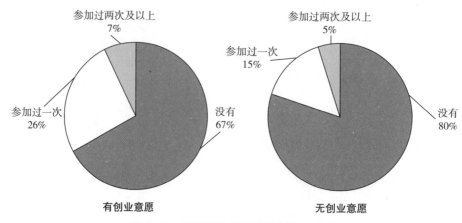

图3-14　不同群体的创业培训情况对比

5. 务工时长及对比分析

如表3-11所示,从受访者外出务工时长来看,65.5%的受访者务工时长在6年以内,其中不到3年务工时长的受访者比例为36.3%。对比分析发现:有创业意愿人群中务工时长不到3年的受访者比例为40%,远高于无创业意愿人群的27%,有创业意愿人群中务工时长在6年以内的受访者比例为69%,要高于无创业意愿人群的57%,3年以上务工时长受访者的比例中有创业意愿人群均小于无创业意愿人群,表明务工时长在3年内的受访者更想返乡创业,而务工时长在10年以上的受访者的创业热情普遍不高,原因可能是10年的务工经历已经让他们在城市中打拼出一片天地,并逐渐习惯了城市生活,其中不少人将父母孩子都接到身边生活,在

表3-11　在外务工时长统计

单位:人

创业意愿	不到3年	3~6年	7~10年	11~15年	16年以上	其他
有	271	196	122	49	30	12
无	72	79	53	31	23	6
合计	343	275	175	80	53	18

调研中发现，农民工返乡过春节的比例也在逐年下降，这一现象印证了这个结论（见图3-15）。

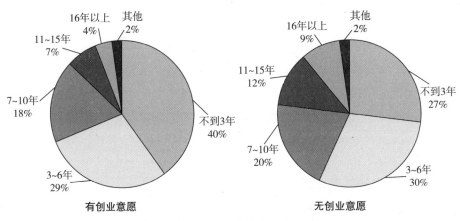

图 3-15　不同群体在外务工时长对比

（四）创业条件

1. 图书室分布情况

如图 3-16 所示，从图书室的分布情况来看，图书室的覆盖情况还是比较好的，其中乡镇一级覆盖率为39%，村级覆盖率为 17%，这为创业者提供了较好的知识学习的条件和场所。

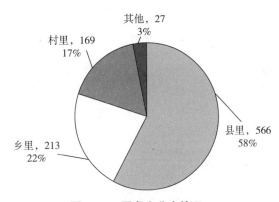

图 3-16　图书室分布情况

2. 农技站分布情况

如图 3-17 所示，从农技站的分布情况来看，乡镇一级的覆盖率为52%，村级覆盖率为15%，覆盖广、覆盖纵深大的农技站能够在技术指导、品种培育、病虫害防治等方面为返乡创业的农民工提供比较全面的服务。

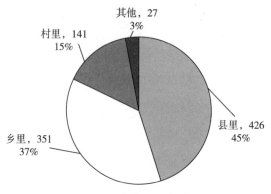

图 3-17 农技站分布情况

3. 对县乡干部工作评价

县乡干部的工作作风和态度可以在一定程度上反映当地创业投资环境和商业环境，在问卷中设计了五个选项，其中两个选项是正面评价，三个选项是负面评价，如表 3-12 所示，统计结果表明：61% 的受访者的选项是正面评价，其中认为"他们在为百姓服务"的比例为 21.8%，39% 的受访者的选项是负面评价，其中认为"他们唯利是图、贪污成风"的比例为 11.1%。对比分析发现：有创业意愿人群中对县乡干部正面评价的比例为 59%，其中认为"他们在为百姓服务"的比例为 23%，认为"他们想做好，但是没有做到"的比例为 36%，对县乡干部负面评价的比例为 40%，其中认为"他们整天瞎折腾、瞎指挥"的比例为 13%，认为"他们无所事事，只知道吃喝玩乐"的比例为 14%，认为"他们唯利是图、贪污成风"的比例为 13%；无创业意愿人群对县乡干部正面评价的比例为 66%，其中认为"他们在为百姓服务"的比例为 19%，认为"他们想做好，但是没有做到"的比例为 47%，对县乡干部负面评价的比例为 33%，其中认为"他们整天瞎折腾、瞎指挥"的比例为 17%，认为"他们无所事事，只知道吃喝玩乐"的比例为 10%，认为"他们唯利是图、贪污成风"的比例为 6%（见图 3-18）。

表 3-12 对县乡干部工作评价统计

单位：人

创业意愿	他们在为百姓服务	他们想做好，但是没有做到	他们整天瞎折腾、瞎指挥	他们无所事事，只知道吃喝玩乐	他们唯利是图、贪污成风	其他
有	157	247	85	97	88	6
无	49	123	45	27	17	3
合计	206	370	130	124	105	9

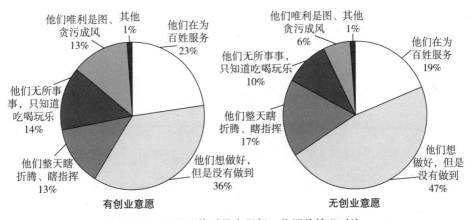

图 3-18 不同群体对县乡干部工作评价情况对比

研究发现，在调研期间县乡干部的工作作风和态度亟待加强，县乡干部的业务能力和服务水平需要进一步提升，不少地方的商业投资环境和创业环境不容乐观，这些情况在一定程度上影响了农民工返乡创业的意愿和行为。

4. 农村文化活动开展情况

农村文化生活也是创业环境不可或缺的部分，它在吸引人才、留住人才、集聚人才等方面发挥着重要作用。如表 3-13 所示，从农村文化活动开展情况来看，24% 的受访者认为家乡"什么也没有"，16% 的受访者认为家乡主要是"宗祠的活动"，39% 的受访者认为只有"端午、春节有些活动"，14% 的受访者认为家乡"节日有活动"，只有 7% 的受访者认为家乡"经常有集体活动"。对比有创业意愿人群和无创业意愿人群发现，两类人群的直观感受都差不多，普遍认为家乡活动开展情况偏少，访谈时更多流露出的是失望之情（见图3-19）。

表3-13　农村文化活动开展情况统计

单位：人

什么也没有	宗祠的活动	端午、春节有些活动	节日有活动	经常有集体活动	其他
255	168	412	147	74	3

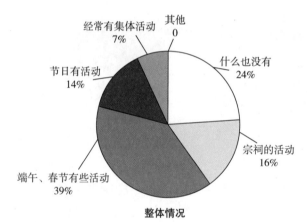

整体情况

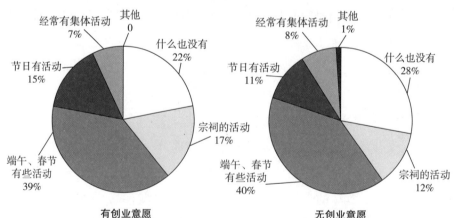

有创业意愿　　　　　　　　无创业意愿

图3-19　不同群体对农村文化活动开展情况对比

（五）价值观

1. 就业观

就业观是价值观的一个重要组成部分，如表 3-14 所示，通过对受访者理想中的职业进行调研后发现，绝大部分的受访者认为理想中的职业是"公务员""教师或医生等稳定职业""技术工作岗位"和"自主创业当老板"四个选项，所占比例分别为 23.3%、23.9%、23.8% 和 20.1%。其中有创业意愿人群中，22% 的受访者认为理想职业是"公务员"，22% 的受访者认为理想职业是"教师或医生等稳定职业"，24% 的受访者认为理想职业是"技术工作岗位"，23% 的受访者认为理想职业是"自主创业当老板"；无创业意愿人群中，25% 的受访者认为理想职业是"公务员"，30% 的受访者认为理想职业是"教师或医生等稳定职业"，24% 的受访者认为理想职业是"技术工作岗位"，14% 的受访者认为理想职业是"自主创业当老板"（见图 3-20）。对比分析发现，有创业意愿的受访者更愿意选择自主创业，并以此作为终生职业。研究还发现，两类人群都不太看好"企业销售员"这一职业（分别仅为 8% 和 6%），普遍认为这一职业太辛苦、压力大，却没有看到这一职业所能提供的人脉资源、管理沟通锻炼、市场分析能力等，而这些能力和资源有助于提升创业者的创业成功率。

表 3-14　职业认可情况统计

单位：人

创业意愿	公务员	教师或医生等稳定职业	技术工作岗位	企业销售员	自主创业当老板	其他
有	153	147	163	56	153	8
无	67	79	62	17	37	2
合计	220	226	225	73	190	10

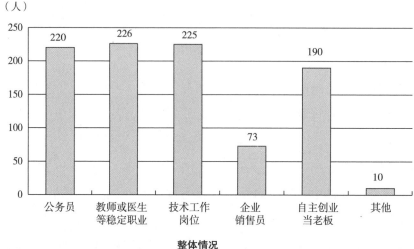

整体情况

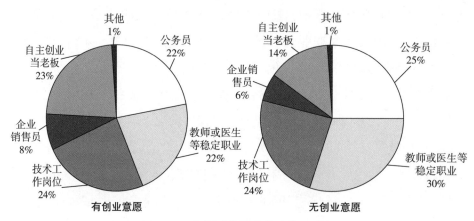

有创业意愿　　　　　　　　　无创业意愿

图 3-20　不同群体职业认可情况对比

2. 希望获得的评价

希望获得的评价是受访者自我价值实现的一个重要方面，如表 3-15 所示，从调查结果来看，26.5%的受访者最希望获得的评价是"可靠、够朋友"，25.4%的受访者最希望获得的评价是"聪明、有本事、会赚钱"，17.6%的受访者最希望获得的评价是"对社会有贡献"，17.4%的受访者最希望获得的评价是"孩子有出息"，12.3%的受访者最希望获得的评价是"孝顺父母"。从自我价值实现的统计结果来看，绝大部分的受访者呈现出一种朴素的价值观,他们重视身边亲朋好友的感受和对自己的评价。对比分析可以看出:有创业意愿人群希望获得的评价是"对社会有贡献"的比例为20%,大于无创业意愿人群的比例(12%);有创业意愿人群希望获得的评价是"孩子有出息"的比例是14%,小于无创业意愿人群的比例(25%)(见图3-21)。可见,有创业意愿人群更看重自身发展,更希望通过自己的努力来为社会做出贡献,而无创业意愿人群更容易满足现状,更希望通过培养自己的孩子来实现自己的理想和抱负。

表3-15 希望获得的评价情况统计

单位:人

创业意愿	对社会有贡献	可靠、够朋友	聪明、有本事、会赚钱	孝顺父母	孩子有出息	其他
有	135	180	174	88	97	7
无	31	70	66	28	67	1
合计	166	250	240	116	164	8

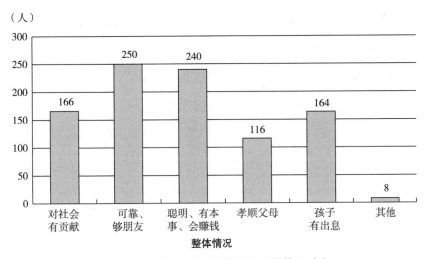

图3-21 不同群体希望获得的评价情况对比

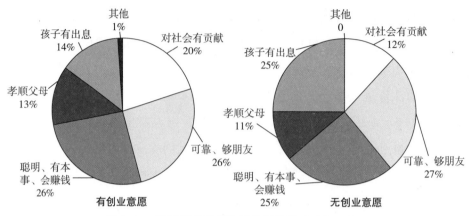

图 3-21 不同群体希望获得的评价情况对比 (续)

3. 家庭观念

家庭状况可以看出一个人的家庭观念。从受访者的家庭观念来看，28%的受访者是未婚状态，15%的受访者已经结婚但尚无子女，31%的受访者孩子很少待在身边，24%的受访者孩子一直待在身边。这一结果反映出，大部分农民工家庭观念较重，希望能创造条件陪伴家人。其中，在有创业意愿人群中，"未婚"的比例为30%，"已婚无子女"的比例为15%，"孩子很少待在身边"的比例为26%，"孩子一直待在身边"的比例为27%；在无创业意愿人群中，"未婚"的比例为21%，"已婚无子女"的比例为17%，"孩子很少待在身边"的比例为43%，"孩子一直待在身边"的比例为18%（见图 3-22）。对比分析发现，有创业意愿人群中未婚的比例更高，孩子一直待在身边的比例更高，孩子很少待在身边的比例要远远低于无创业意愿人群比例，表明他们更希望能通过自身努力为家庭创造更好的生活条件，在行动上为家人团聚所做的努力更多。

4. 返乡原因

如表 3-16 所示，从返乡的原因来看，38.6%的受访者选择"希望在离家近的地方工作，能照顾家人"，34.6%的受访者选择"暂时回家，过段时间再出去工作"，13.1%的受访者选择"回家准备找机会自己创业"，

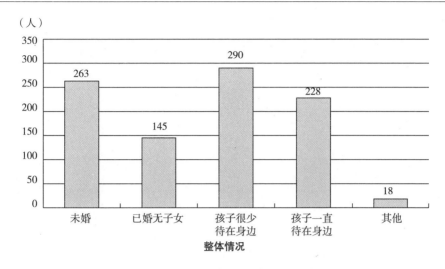

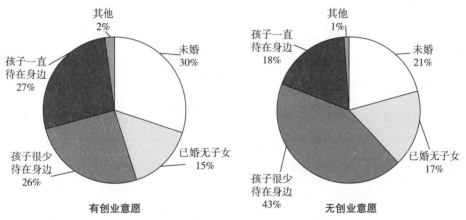

图 3-22 不同群体家庭情况对比

10%的受访者选择"打工企业裁员或倒闭"。从统计结果来看，86.4%的受访者选择了"希望在离家近的地方工作，能照顾家人""暂时回家，过段时间再出去工作""回家准备找机会自己创业"等主要和家庭亲情相关的选项，只有10%的受访者选择了"打工企业裁员或倒闭"这一被动返乡的选项，进一步表明农民工的家庭观念强，希望能有机会和家人在一起。在有创业意愿人群中，41%的受访者选择"希望在离家近的地方工作，能照顾家人"，30%的受访者选择"暂时回家，过段时间再出去工

作"，16%的受访者选择"回家准备找机会自己创业"，9%的受访者选择
"打工企业裁员或倒闭"；在无创业意愿人群中，32%的受访者选择"希
望在离家近的地方工作，能照顾家人"，46%的受访者选择"暂时回家，
过段时间再出去工作"，7%的受访者选择"回家准备找机会自己创业"，
12%的受访者选择"打工企业裁员或倒闭"（见图3-23）。对比分析可以
看出，有创业意愿人群返乡创业的动机更强，需要说明的是，在无创业意
愿人群中尚有7%的受访者选择"回家准备找机会自己创业"，表明这一
部分受访者有潜在创业意愿。

表3-16 返乡原因统计

单位：人

创业意愿	打工企业裁员或倒闭	希望在离家近的地方工作，能照顾家人	回家准备找机会自己创业	暂时回家，过段时间再出去工作	其他
有	64	280	106	205	25
无	31	84	18	122	9
合计	95	364	124	327	34

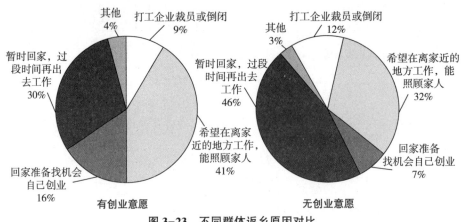

图3-23 不同群体返乡原因对比

5. 创业动机

如表3-17所示，从创业动机来看，问卷中设计了"你觉得周围人的

创业动机是因为想发财吗"这一问题，16.5%的受访者选择"非常正确"，23.7%的受访者选择"基本正确"，12.2%的受访者选择"比较正确"，5%的受访者选择"不太正确"，1.1%的受访者选择"一点也不正确"，41.2%的受访者选择"其他"。在有创业意愿人群中，10%的受访者选择"非常正确"，19%的受访者选择"基本正确"，12%的受访者选择"比较正确"，5%的受访者选择"不太正确"，1%的受访者选择"一点也不正确"，53%的受访者选择"其他"；在无创业意愿人群中，33%的受访者选择"非常正确"，37%的受访者选择"基本正确"，12%的受访者选择"比较正确"，6%的受访者选择"不太正确"，2%的受访者选择"一点也不正确"，10%的受访者选择"其他"（见图3-24）。对比分析可以看

表3-17 创业动机统计

单位：人

创业意愿	非常正确	基本正确	比较正确	不太正确	一点也不正确	其他
有	69	127	84	33	5	362
无	87	97	31	17	5	27
合计	156	224	115	50	10	389

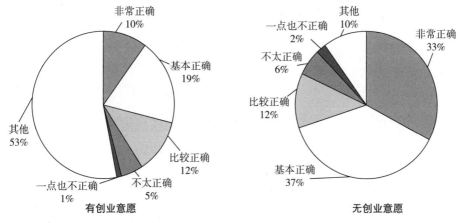

图3-24 不同群体创业动机对比

出，有创业意愿人群选择"其他"的比例要远远大于无创业意愿人群的比例，选择"非常正确"和"基本正确"的比例都要远低于无创业意愿人群的比例，表明有创业意愿人群对创业动机有着更深的理解和思考，他们的创业动机可能更多元化。

（六）对创业者（或潜在）的分析

1. 选择创业的主要原因

为了进一步对农民工返乡创业者（或潜在创业者）的创业特质进行分析，问卷针对有创业意愿的受访者提出创业动机、创业项目选择及创业影响因素等问题。如图 3-25 所示，从选择创业的主要原因来看，选择"多赚钱可以让家人生活得更好"的受访者最多，其比例为 32.4%；其次是选择"别人能做的我也能够做到"，其比例为 22.8%；选择"创业比打工更适合我"的受访者比例为 19.0%；选择"做老板又赚钱又有面子"的受访者比例为 12.4%；选择"为子女多积累财富"的受访者比例为 11.8%。创业者（或潜在创业者）的创业动机可以简单分为"改善生活型（多赚钱可以让家人生活得更好）、自我价值实现型（别人能做的我也能够做

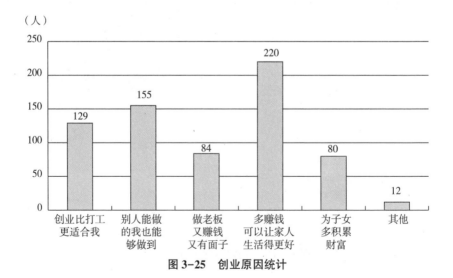

图 3-25 创业原因统计

到）、职业能力型（创业比打工更适合我）、盲从跟风型（做老板又赚钱又有面子）和财富积累型（为子女多积累财富）"。

统计结果表明：改善生活型>自我价值实现型>职业能力型>盲从跟风型>财富积累型。改善生活型的创业者因为奋斗目标明确、创业动力强大、压力传导机制简单，能吃苦耐劳，往往能够承受创业过程中的各种压力而创业成功，但改善生活型的创业者多数目标单一，缺乏长期发展规划，多数创业者小富即安思想严重，难以有较大发展；自我价值实现型的创业者创业动力较强，压力传导机制简单，能吃苦耐劳，善于动脑筋去克服创业中的困难与挑战，但往往因为创业目标不明确，容易受周边创业者群体的影响；职业能力型的创业者创业动力足，创业能力相对较强，创业目标明确，创业项目的可行性较高，创业发展前景较好；盲目跟风型的创业者创业目标不明确，动力传导机制复杂，创业动力不足，一般来说是不适合创业的；财富积累型创业者创业目标明确，风险防范意识强，创业机会识别能力不足，容易错失良机。

2. 风险防范能力

进一步分析农民工返乡创业者（或潜在创业者）的风险防范能力，如图3-26所示，从基于风险因素创业者（或潜在创业者）愿意投入全部资金的比例用于创业来看：30.1%的受访者愿意投入全部自有资金的51%~70%进行创业，29.0%的受访者愿意投入自有资金的30%~50%进行创业，16.8%的受访者愿意投入自有资金的30%以下来创业，13.4%的受访者愿意投入自有资金的71%~90%来进行创业，只有10.8%的受访者愿意为合适的创业项目投入自有资金的90%以上甚至借贷来进行创业。从负债承受能力来看，28.2%的受访者认为当企业负债超过50%时会非常紧张，28.2%的受访者认为当企业负债超过60%时会非常紧张，25.1%的受访者认为当企业负债超过70%时会非常紧张，10.7%的受访者认为当企业负债超过80%时会非常紧张，只有7.7%的受访者认为当企业负债超过90%及以上时才会非常紧张（见图3-27）。从创业资金投入和负债承受能力来看，农民工返乡创业的风险承受能力较弱，保守型的创业项目容易获得他们的青睐。

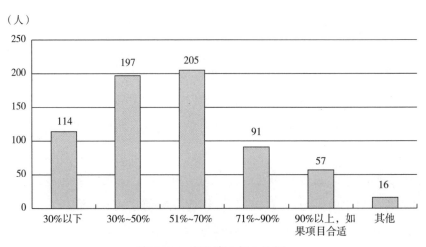

图 3-26　创业资金投入比例

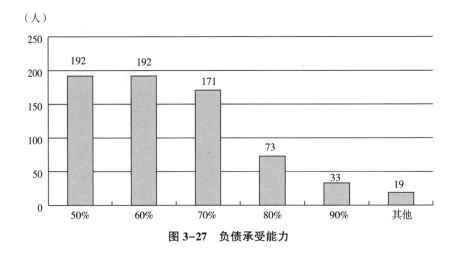

图 3-27　负债承受能力

3. 愿意选择的创业方式

从农民工返乡创业者（或潜在创业者）愿意选择的创业方式来看，如图 3-28 所示，与朋友合伙创业似乎是一个最佳选择，29.0% 的受访者选择"与朋友合伙创业",另有 10.4% 的受访者选择"朋友出钱自己出力"的创业方式,23.1% 的受访者选择"与家人一起创业",19.9% 的受访者看重大公司的技术和市场优势,选择"挂靠一家大公司"方式来创业,15.4% 的受访者选择"独立创业"方式,2.2% 的受访者选择了"其他"的创业方式。统计结果表明,农民工返乡创业方式更青睐于亲朋好友间合伙创业的方式。

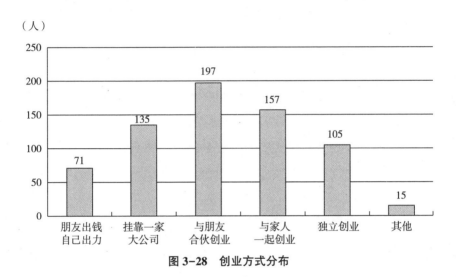

图 3-28　创业方式分布

4. 务工经历对创业的作用

如图 3-29 所示,从农民工返乡创业者(或潜在创业者)务工经历对创业的作用来看,35.0% 的受访者认为务工经历让自己"结识了更多朋友、建立了更多的关系",21.5% 的受访者认为务工经历让自己"更加了解所从事行业的特点",18.1% 的受访者认为务工经历让自己学到了"重要的生产技术",16.8% 的受访者认为务工经历让自己"学到了许多创业管理经验",6.3% 的受访者认为务工经历增加了自己的创业勇气、"胆子比以前大多了",还有 2.4% 的受访者选择了"其他"选项。从创业者(或潜在创业者)务工经历与创业的关系来看,39.3% 的受访者认为如果没有

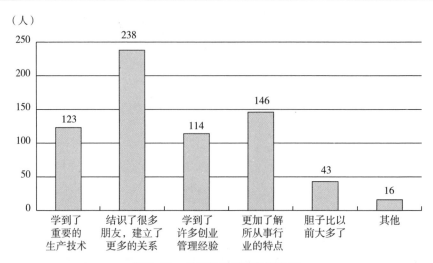

图 3-29 务工经历对创业的作用

务工经历也可能会创业，但是创业想法会不一样，24.3%的受访者认为如果没有务工经历就可能不会创业，12.6%的受访者认为如果没有务工经历也很可能会创业，11.2%的受访者认为如果没有务工经历就不会创业，10.7%的受访者认为如果没有务工经历也肯定会创业，1.9%的受访者选择了其他选项（见图3-30）。从务工经历对创业的作用及务工经历与创

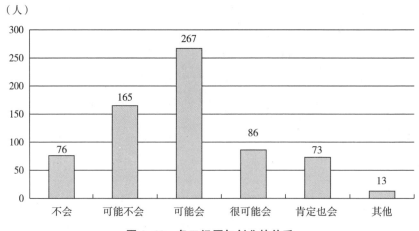

图 3-30 务工经历与创业的关系

业的关系来看，务工经历对农民工返乡创业有较强的正向作用，务工经历会扩大农民工的交际范围，增强他们的视野，扩大人脉关系，了解行业信息和创业信息，增强农民工的技术水平，提高创业及管理能力，从而为农民工锚定创业目标，有助于他们将创业意愿转化为创业行动。

5. 创业者成功创业的主要原因

如图 3-31 所示，从农民工返乡创业者（或潜在创业者）认为创业者能成功创业的原因来看，35.0%的受访者认为主要原因是他们"有技术，懂管理"，20.6%的受访者认为主要原因是他们"脑子聪明，主意多"，20.4%的受访者认为主要原因是他们"有关系，产品有销路"，17.9%的受访者认为主要原因是他们"有远见，有魄力"，4.0%的受访者认为主要原因是他们"胆子大，运气好"，还有2.1%的受访者选择"其他"选项。从统计结果来看，农民工返乡创业行为比较理性，认可核心技术、管理能力、市场营销能力、机会识别能力和掌控能力在返乡创业中的重要作用。

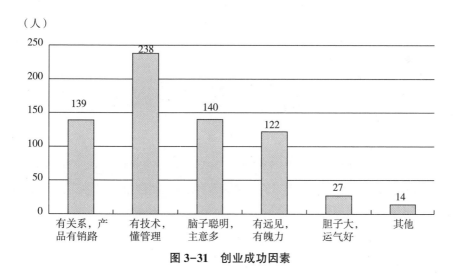

图 3-31　创业成功因素

6. 创业准备阶段的顾虑

如图 3-32 所示，从农民工返乡创业者（或潜在创业者）在创业准备阶段的顾虑来看，33.7%的受访者选择了"资金不够，不能够做更大的项目"，26.3%的受访者选择"产品销路难以保证"，25.6%的受访者选择"技术不过硬，产品有质量问题"，11.6%的受访者选择"企业里面熟人太多，不好管理"，2.8%的受访者选择"其他"选项。统计结果表明，资金需求难以保障是农民工返乡创业的最大障碍，其次是技术保障和产品的营销渠道。

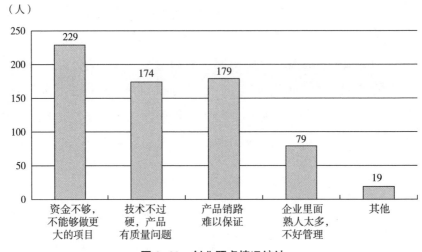

图 3-32　创业顾虑情况统计

7. 创业困难应对方式

如图 3-33 所示，农民工返乡创业者（或潜在创业者）在企业遇到较大的亏损时，32.4%的受访者选择"找朋友帮忙，借钱渡过难关"，27.9%的受访者选择"缩小规模，等待市场好转"，17.8%的受访者选择"寻找机会扩大销路"，14.9%的受访者选择"找政府帮忙渡过难关"，4.7%的受访者选择"实在不行，关了厂子再找机会"，2.4%的受访者选择"其他"选项。在如何应对创业困难方面，46.6%的受访者选择"和家人商量"，21.8%的受访者选择"和朋友商量"，11.9%的受访者选择"自己想办法，别人帮不了的"，6.1%的受访者选择"和员工商量"，11.2%的受访者选择"找政府想办法"，2.4%的受访者选择"其他"选项（见图3-34）。统计结果表明，农民工返乡创业受亲朋好友影响最大，在遇到困难时最先想到的也是他们，最可能获得帮助的人群也是他们，这与乡村文化的特征有关系，同时也反映出当前农民工返乡创业面临的困难需要引起政府的关注和重视。

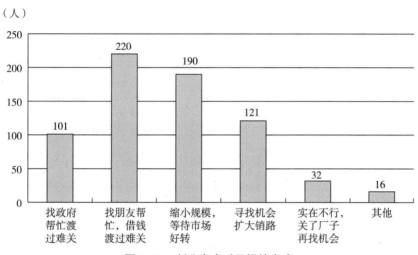

图 3-33　创业者应对亏损的方式

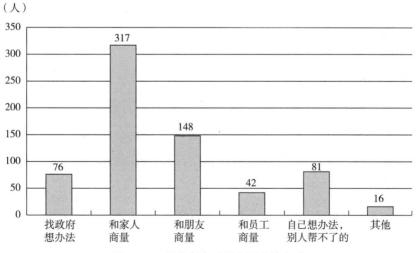

图 3-34　创业者应对创业困难的方式

8. 返乡创业优势

如图 3-35 所示，在农民工返乡创业优势方面，29.6%的受访者认为自己返乡创业的优势在于"自己的产品有技术优势"，26.5%的受访者认为自己返乡创业的优势在于"一心一意想做一番事业"，24.3%的受访者认为自己返乡创业的优势在于"选择的产品很有市场"，16.3%的受访者认为自己返乡创业的优势在于"人脉资源广"、对所从事行业里的人非常熟悉，3.4%的受访者选择了"其他"选项。

（人）

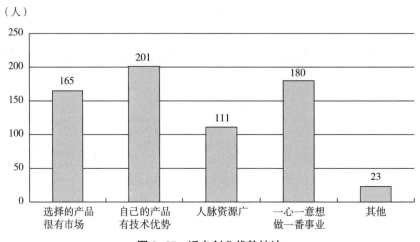

图 3-35　返乡创业优势统计

9. 创业持久性

如图 3-36 所示，从农民工返乡创业的持久性来看，31.0%的受访者希望能"尽量一直做下去"，25.4%的受访者承认自己在"收回投资后能做多久算多久"，17.1%的受访者认为"市场不好就及时撤退"以避免更大损失，16.2%的受访者对自己的创业项目非常自信，"坚信自己会一直做下去"，而8.1%的受访者是因为前期投资大，会一直做下去，2.2%的受访者选择了"其他"选项。统计结果发现，有55.3%的受访者会坚持自己的创业项目或者希望能一直坚持下去，创业持久性良好，表明多数的农民工对于返乡创业是经过认真思考后的决定，对自己选择的创业项目也是经过了深思熟虑和充分论证的。

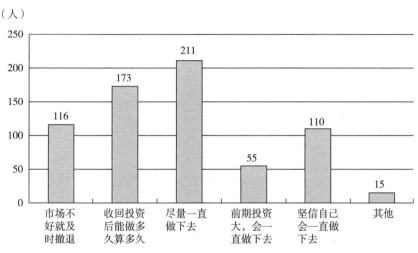

（人）

图3-36　返乡创业的持久性

10. 政府部门在创业过程中的作用

如图3-37所示，从政府部门在农民工返乡创业过程中的作用来看，5.1%的受访者充分肯定了政府部门在返乡创业中的作用，认为"没有政府的支持很难做下去"，21.9%的受访者则认为政府部门在创业过程中发挥了重要作用，因此"搞好和政府的关系很重要"，32.2%的受访者认为政府部门不要过多干涉自己的创业过程，他们只要"能够提供一些优惠政策就好"，24.1%的受访者认为政府部门在自己创业过程中的影响不大，即便他们"没有优惠政策我也会自己做"，14.9%的受访者不善于与政府部门打交道，认为"和政府搞关系很麻烦"，还有1.8%的受访者选择"其他"选项。

如图3-38所示，从与公务员交往的目的来看，26.5%的受访者希望"想办法弄点优惠政策"，23.7%的受访者希望"打听一些项目的信息"，14.0%的受访者是为了在"遇到麻烦时好找人帮忙"，18.8%的受访者"只因为合得来才跟他们交往"，14.6%的受访者则是"为以后自己从政

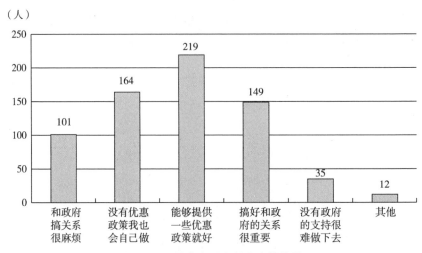

图 3-37　政府在返乡创业中的作用

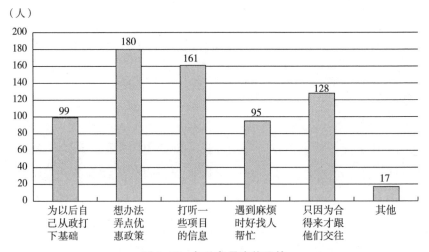

图 3-38　与公务员交往目的

打下基础",2.5%的受访者选择"其他"选项。

　　统计结果表明,绝大多数的受访者认可政府部门在农民工返乡创业中的作用,希望政府部门能在创业优惠政策、创业项目信息上给予支持,希望政府部门在自己创业困难时能及时给予帮助,但不希望政府部门过多干预自己的创业过程。

11. 理想中的客户和供货商

如图3-39所示，从农民工返乡创业者（或潜在创业者）心目中的理想客户类型来看，36.5%的受访者认为理想客户类型是"可以长期合作的人"，27.4%的受访者认为理想客户是"非常讲信用的人"，18.8%的受访者认为理想客户是"可以成为朋友的人"，9.4%的受访者认为理想客户是"能够体谅我难处的人"，6.0%的受访者认为理想客户是"不斤斤计较的人"，1.9%的受访者选择了"其他"选项。

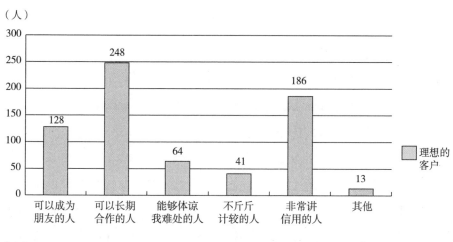

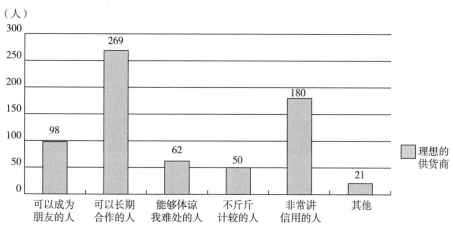

图3-39 理想的客户和供货商

从农民工返乡创业者（或潜在创业者）心目中的理想供货商类型来看，39.6%的受访者认为理想的供货商类型是"可以长期合作的人"，26.5%的受访者认为理想的供货商是"非常讲信用的人"，14.4%的受访者认为理想的供货商是"可以成为朋友的人"，9.1%的受访者认为理想的供货商是"能够体谅我难处的人"，7.4%的受访者认为理想的供货商是"不斤斤计较的人"，3.1%的受访者选择了"其他"选项。

统计结果表明，农民工创业者（或潜在创业者）在创业伙伴选择上，最偏好靠谱、诚信两大品质，偏好值得交往、能体谅人，不斤斤计较的品质。

12. 创业融资渠道

如图3-40所示，从农民工创业者（或潜在创业者）理想中的创业融资渠道来看，29.6%的受访者认为理想的创业融资渠道是银行贷款，23.7%的受访者认为理想的创业融资渠道是从亲戚那里借钱，22.5%的受访者认为理想的创业融资渠道是从朋友处借钱，17.8%的受访者认为理想的创业融资渠道是从父母处获得支持，4.9%的受访者认为理想的创业融资渠道是从政府获得项目资金，1.6%的受访者选择"其他"选项。从农民工创业者（或潜在创业者）实际创业融资渠道来看，17.5%的受访者认

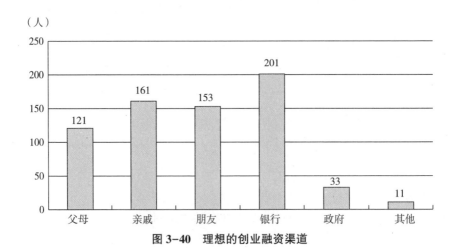

图3-40　理想的创业融资渠道

为能够从银行贷款，22.6%的受访者认为能够从亲戚那里借到钱，17.8%的受访者认为能够从朋友处借到钱，21.0%的受访者认为能够从父母处获得支持，4.4%的受访者认为能够从政府获得项目资金，16.6%的受访者选择"其他"选项（见图3-41）。统计结果表明，创业融资难的问题仍然是横亘在农民工返乡创业过程中的一大障碍。

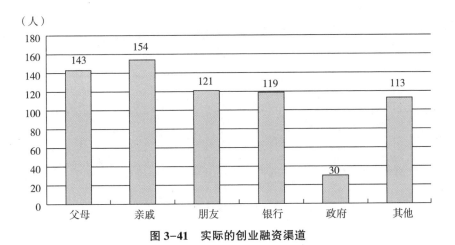

图 3-41　实际的创业融资渠道

13. 行业选择

如图3-42所示，从农民工创业者（或潜在创业者）的创业行业选择来看，25.3%的受访者选择"餐饮、超市等服务业"，20.1%的受访者选择"打工中自己技术比较熟悉的行业"，15.4%的受访者选择"农副产品加工业"，14.9%的受访者选择"养殖或种植业"，11.2%的受访者选择"有很大行业发展空间的行业"，10.3%的受访者选择"有政策扶持的行业"，2.8%的受访者选择"其他"选项。进一步分析受访者的务工经历中所从事时间最长的行业，30.1%的受访者从事时间最长的行业是"服务业"，26.8%的受访者从事时间最长的行业是"流水线工厂"，16.6%的受访者从事时间最长的行业是"建筑业"，15.3%的受访者从事时间最长的行业是"一般加工业"，8.7%的受访者从事时间最长的行业是"农业畜牧业", 2.5%的受访者选择"其他"选项（见图3-43）。统计结果表明，农民工返乡创业在行业选择上受到其外出务工行业影响的特征明显。

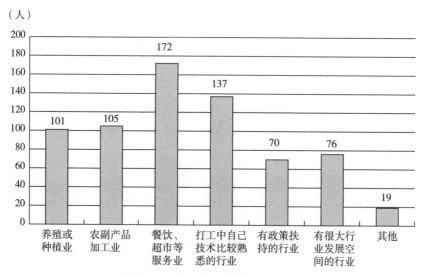

图3-42　创业领域选择情况统计

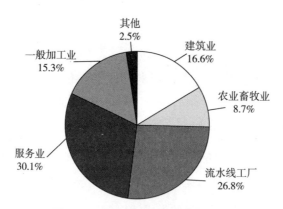

图3-43　务工时间最长的行业统计

14. 创业意愿形成过程

如图3-44所示，从农民工创业者（或潜在创业者）创业意愿形成过程来看，35.6%的受访者是在"打工过程中逐渐形成想法"的，21.3%的

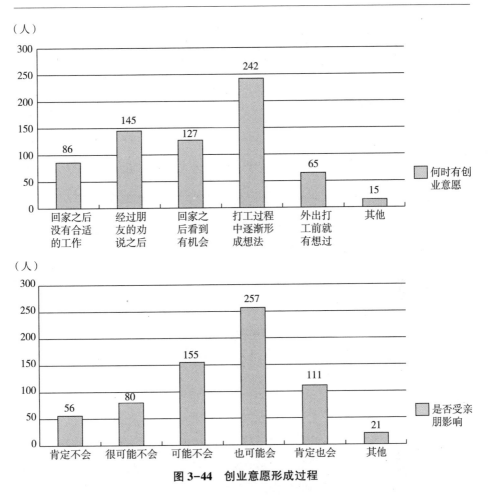

图 3-44 创业意愿形成过程

受访者是在"经过朋友的劝说之后"形成创业意愿的，18.7%的受访者是
"回家之后看到有机会"才产生创业意愿的，12.6%的受访者是"回家之
后没有合适的工作"后才形成创业意愿的，9.6%的受访者是在"外出打
工前就有想过"，还有2.2%的受访者选择"其他"选项。从创业者（或
潜在创业者）的创业意愿是否会受亲朋创业的影响来看：37.8%的受访者
表示如果亲朋中没有出现自主创业的人，自己也可能会返乡创业；16.3%
的受访者表示如果亲朋中没有出现自主创业的人，自己肯定也会返乡创
业；22.8%的受访者则表示如果亲朋中没有出现自主创业的人，自己可能

不会返乡创业；11.8%的受访者表示如果亲朋中没有出现自主创业的人，自己很可能不会返乡创业；8.2%的受访者表示如果亲朋中没有出现自主创业的人，自己肯定不会返乡创业。统计结果表明，农民工创业者（或潜在创业者）的创业意愿更多是在外出务工后逐渐形成的，他们的创业意愿会受到亲戚朋友们的创业经历的影响，从调研的情况来看，亲朋好友的创业行为会对农民工自主创业或返乡创业产生显著的正向激励作用。

第四章　农民工返乡创业与新时代乡村文化建设耦合机制

中共十九大提出的乡村振兴战略是我国长期关注"三农问题"的一个重大突破，是未来一个时期党的三农政策的一个重大风向标。乡村振兴战略实施的要点是：严格按照"生态宜居、产业兴旺、治理有效、乡风文明、生活富裕"的新农村建设的总体要求，进一步建立健全城乡融合发展、农村三产融合发展的机制和政策体系。乡村振兴战略的实施目的是通过推进农业农村现代化，促进农村生产发展和社会财富的增长，进一步缩减城乡差距，满足人民日益增长的美好生活需要。

一、耦合机制构建的理论框架

农民工返乡创业与新时代乡村文化建设共生耦合模型构建的理论基础：晏阳初和梁漱溟提出的乡村建设理论，以及中华人民共和国成立后我国乡村建设的伟大实践；佩鲁的增长极理论、赤松要等的产业梯度转移理论和迈克尔·波特的产业集群理论，以及这些理论在中国社会主义建设中的作用；马斯洛需求层次理论及其对人的激励作用。农民工返乡创业与新时代乡村文化建设耦合机制研究正是基于这样的理论前提，其作用机制是：农民工返乡创业能为乡村振兴战略的实施提供人力、财力、智力支持，创业活动是乡村振兴战略的有效载体，也是新时代乡村文化延续和创新发展的载体，而新时代乡村文化建设能够进一步引导和吸纳农民工返乡创业，从而促进乡村经济和社会发展，两者的耦合发展是乡村振兴的最优战略选择。具体理论框架如图4-1所示。

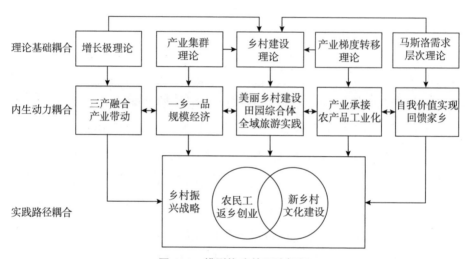

图 4-1 模型构建的理论框架

其中，理论基础包含增长极理论、产业集群理论、乡村建设理论、产业梯度转移理论、马斯洛需求层次理论。从横向来看，理论基础是耦合的，增长极理论、产业集群理论、产业梯度转移理论和马斯洛需求层次理论都将影响中国特色社会主义乡村建设理论的丰富与完善。从纵向来看，每一具体理论分别会对农民工返乡创业与新时代乡村文化建设耦合共生产生不同的内生动力，其中，增长极理论产生的内生动力是农村发展要注重一二三产融合发展，要以产业兴旺来带动农村区域经济与社会发展；产业集群理论产生的内生动力是农村要注重发展特色和优势农业，做到一乡一品，追求规模经济效益；产业梯度转移理论产生的内生动力是农村要积极承接较发达地区产业升级所导致的转移产业，在承接产业梯度转移的过程中注意对接本地区特色和优势农业，加快农产品工业化进程；马斯洛需求层次理论催生的内生动力是个人的自我价值实现路径，每个人都有自我价值实现的需要，而这种自我价值是有层次性的，受中国传统文化的熏陶，当个人事业取得一定成功后选择返乡创业，回馈社会或许是很多人自我价值实现的需要；乡村建设理论催生的内生动力则是对美好、和谐、生态、文明的生活环境的向往，于是催生美丽乡村建设、田园综合体建设、全域旅游等各种建设实践。从图 4-1 中可以看到，内生动力也是相互耦合的，它们在实践的过程中往往会相互影响。从耦合的实践路径来看，农民工返乡创业行为和新时代乡村文化建设实践本身就涵盖在乡村振兴战略中，它们之间在实践中也会交叉耦合，如新时代乡村文化建设中会产生很多创业机会，农民工返乡创业项目也可能会选择文化创业项目，或者是在返乡创业的过程中会影响当地文化。

二、耦合机制的运行机理

农民工返乡创业与新时代乡村文化建设共生耦合模型构建涉及因素呈现多样性、复杂化的特点，共生耦合机制的运行机理如图 4-2 所示。农民工返乡创业与新时代乡村文化建设共生耦合模型是由多个子系统"点—线—面—体"的立体维度，依赖于系统的一种动态平衡。基于乡村振兴战略这个核心和出发点，以农产品供给侧改革为抓手，以美丽乡村建设、田园综合体、小城镇建设和新农村建设为载体，农民工返乡创业和新时代乡村文化建设为两翼，其中农民工返乡创业能为乡村振兴战略的实施提供高素质的劳动者和建设者、充沛的创业和建设资金、先进的生产技术、高质量的管理水平、有效的农业生产和农产品营销信息，在乡村振兴战略实施过程中开展新时代乡村文化建设，从而实现乡村文化复兴；新时代乡村文化建设则为乡村振兴战略实施提供思想引领和智力保障作用，同时通过亲情文化、信息文化、学习文化、政策文化和就业文化来影响农民工返乡创业的意愿和行为。在这个共生耦合模型中，政府通过营造创新创业氛围、大力发展新型农村经营组织、畅通人才双向流动通道、加大农村基础教育建设、保障惠农政策落地和入户等途径来发挥政府职能。

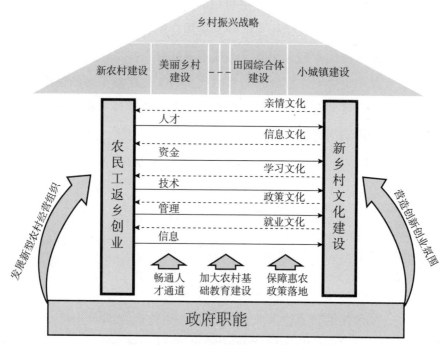

图 4-2　农民工返乡创业与新时代乡村文化建设耦合运行机制

　　农民工返乡创业与新时代乡村文化建设机制的实现是基于乡村振兴前提，运用系统间"点—线—面"的耦合链条机制，而这三种耦合链接方式不是孤立和毫无关系的，都是有规律地融合到乡村振兴战略实施的每个环节，并在其中发挥积极作用。点耦合集中在乡村发展的微观层面——创业和文化建设的主体，具体而言是指农民及农民工；线耦合指乡村发展的中观层面——通过乡村振兴战略的各个实施阶段与实施环节，创业活动和文化建设在这些实施阶段和实施环节共生耦合并发挥积极作用；面耦合即乡村发展的宏观层面——乡村生态系统运行功能发挥最优化，最终目的是乡村文化经济全面振兴，城乡发展差距消除，农民日益增长的美好生活需要得到极大满足。在农民工返乡创业与新时代乡村文化建设共生耦合中，农民工（农民）个人的创业意愿及创业行为往往受到乡村文化无时不在的影响，反之，农民工（农民）个人的创业行为也会反作用于当地乡村文化的凝练。由于乡村外部环境复杂，乡村文化的影响因素或维度众多，且农民工返乡创业的项目或行为各异，这种点耦合会呈现多样化的特征。政府必须通过加大创业培训和技能培训来引导农民工（农民）遵循市场经济规律，选择有市场、风险可控、符合生态要求和区域发展要求的创业项目，将自身的创业行为和乡村发展规划相吻合。

农民工返乡创业与新时代乡村文化建设耦合机制包含三大系统：个体创业系统、乡村的文化生态系统、国家—核多面的乡村振兴战略实施系统。耦合机制包含的这三大系统涵盖微观层面、中观层面和宏观层面，就微观层面的个体创业系统来说，每一位返乡创业的农民工在面临创业决策时，都会不同程度地受到来自家庭、亲朋、乡邻的影响，同样也会潜移默化地影响周边的人，微观层面的个体创业系统会自发地发生作用并受到乡村文化生态系统影响，多个微观层面的个体创业系统会影响中观层面的乡村文化生态系统。中观层面的乡村文化生态系统包含乡村风俗习惯、村民之间的人际关系、当地的政策环境和自然资源禀赋等因素，乡村文化生态系统对个体创业意识和行为的影响是自发的、潜移默化且长期稳定发挥作用的，同时乡村文化生态系统会在多方面影响国家—核多面的乡村振兴战略实施系统的效果。宏观层面的乡村振兴战略实施系统能为农民工（农民）提供更多的创业机会、更好的创业扶持政策、更多优质的创业融资渠道，并通过美丽乡村建设、田园综合体建设、小城镇建设等载体全面影响乡村文化生态系统。

要确保农民工返乡创业与新时代乡村文化建设共生耦合模型高效运转，必须要做到特色性与系统性相结合。共生耦合模型是动态变化并趋于稳定的有机整体，它能够全面反映农民工返乡创业与新农村建设的内在联系和相互影响及其主要的影响因素，反映共生耦合模型的系统运行能力。同时作为承载创业行为和文化建设的载体，如美丽乡村、田园综合体、小城镇建设及新农村建设等，又必须注意挖掘其历史文化特色，并结合当地特色资源，充分发挥乡村各自的比较优势，积极打造特色农业和专业化乡镇，依托特色产业集群发挥规模经济效应。新农村建设、美丽乡村建设、田园综合体建设的主体是农民，乡村振兴战略实施的主体也是农民，新时代乡村文化建设同样还是依靠农民自身。政府在其中只能发挥产业引导、技术支持、政策保障和基础设施保障等作用，各级政府切忌根据自己喜好和政绩观来越俎代庖，去干破坏乡村振兴客观规律发展的事情。

　　此外，农民工返乡创业与新时代乡村文化建设共生耦合模型是一个涉及多个层次的复杂部门组合体，其核心是乡村振兴战略，既受到农民主观愿望等因素的影响，也受到社会经济发展水平等多个客观因子的制约，因此在耦合模型的设计和运行过程中应充分发挥农民的主观能动性，政府要充分考量当地经济发展水平及发展特色，加大基础设施建设投入力度，为农民工返乡创业和新时代乡村文化共生耦合发展创造良好的基础条件。在鼓励和支持农民工返乡创业和新时代乡村文化建设共生耦合发展时，特别是在全面实施乡村振兴战略时，地方政府一定要善于在充分调研和挖掘地方特色之后做好顶层设计，包括乡镇的文化特色、文化资源、田园综合体规划实施目标、美丽乡村建设发展纲要，要做好项目整合、包装、推广工作，坚持以项目来引导和扶持农民工返乡创业，以小项目来推动田园综合体等大项目的整体运行。同时也要清醒地认识到，农民工返乡创业与新时代乡村文化建设共生耦合发展是一个长期的过程，切忌一蹴而就，拔苗助长。

三、耦合共生的必要性及实施路径

（一）新时代乡村文化基础设施建设与利用的现状

缺乏社会主义新时代乡村文化底蕴的新农村建设，是对人文关怀的漠视，对资源的极大浪费。文化与社会各方面的发展都是紧密相关的，必须跳出单纯的文化范畴来认识和展现社会主义新时代乡村文化，为进一步了解新农村建设中文化基础设施的建设与利用情况，项目组选取了天津市近郊的一些典型乡镇、村组和社区进行了一次问卷调查。天津市是我国新农村建设的重要实验基地之一，在城乡一体化进程中具有一定的特色，它的经验和做法具有普遍意义，值得作为典型案例进行深入细致的研究。调查以新时代乡村文化基础设施建设与利用为切入点，从受访者对新时代乡村文化建设的认知、农民对文化活动的参与程度、当前农村文化生活的现状、新时代乡村文化基础设施建设及利用情况、农民对新时代乡村文化建设的需求等几个方面进行深入调查。

本次调查，我们选取了天津近郊武清区、宝坻区、河北屯镇和大口屯镇作为调查对象，这些地区经济较为发达，新农村建设起步早、投入大、特征明显、代表性强。

（1）从受访者的年龄结构来看，"25岁以下"和"51岁以上"年龄段的受访者比重最小，其比重分别为8%、2%，"26~30岁"、"31~40岁"及"41~50岁"年龄段的受访者成为本次调研的主体，分别占到受访对象总数的36%、26%和28%，三者之和为90%，主要是由于30岁以上年龄的农民对农村基础设施建设可能更为关心，对文化的依赖度更高，对新农村建设前后发生的变化感受更深。

（2）从受访者的文化层次来看，拥有"小学文化"和"初中文化"的受访者比重最大，分别为52%和40%，"高中文化"和"大专文化"的受访者各占4%，比重较低，本科及以上学历的受访者数量为零，农村对高层次人才的吸引力极低，新时代乡村文化建设的短板还是在于人才。

（3）从调查对象的职业分布来看，受访地区村民从事的职业呈现多样化趋势，但仍然以地方流水线加工厂工作为主，比重为40%，其次为服务业和一般加工业，比重均为24%，其他如建筑业、农业畜牧业也占一小部分比重。

（4）从新时代乡村文化建设中基础设施建设及利用情况来看。48%的受访者所在村里拥有图书馆（图书室或文化站，下同），有24%的受访者所在乡镇有图书馆，28%受访者则只有所在的县城里才有图书馆。每周坚持去图书室或文化站的受访者只有16%，一月去一两次的受访者为14%，更值得深思和反省的是，有36%的受访者声称从来不去村（社区）的文化站或图书馆。调查结果表明：农村文化基础设施有了长足的进步，大部分村都有自己的图书室（文化站），宝贵的文化基础设施资源浪费严重，36%的受访者表示自己从来不去图书室（文化站），14%受访者声称自己一个月才去一两次。新时代乡村文化中的学习文化还需要大力加强，村（社区）图书馆建设要避免形式主义，要树立正确的文化导向，采取切实可行的措施引导村民多读书、读好书。

（5）从农村集体活动开展情况来看。乡村开展的文化集体活动形式不够多样，比较单一；已开展的农村集体活动均为传统习俗，乡村集体文化活动缺乏创新，对群众的吸引力不够，村干部、村民的积极性不高；集体文化活动组织困难的根本原因是传统文化人才匮乏。

（6）从受访者对所在村干群关系的评估来看。只有16%的普通群众受访者认为当地干群关系融洽和谐，而28%选择了评价"一般"的态度，且仍有37%的普通群众受访者认为当地干群关系不融洽，干部与群众在干群关系评价的分歧和反差上必须认真对待。

（二）耦合共生的必要性

随着中国的经济发展和城市化进程加速，城乡差距导致大量农村人口尤其是青壮年劳动力、创新创业人才到城市寻找工作机会甚至定居。人才流失现象已经十分严重，造成我国大部分农村地区经济上缺乏足够的发展动力，同时也出现了诸如养老、亲情、婚姻关系等各方面的大量的社会问题。农民工返乡创业，通过在当前资源已经相对匮乏的地域发展出一批能够聚集一定资金、人才的企业。可以在一定程度上缓解乃至扭转这一趋势。重塑农村地区的社会与经济组织生态，有利于形成我国城市和农村之间各种资源的良性互动与循环，促进社会与经济各方面的和谐发展，因此，农民工返乡创业是我国新时代乡村文化建设的着力点与核心内容。

当前，我国的新农村建设、美丽乡村建设及乡村振兴等顶层设计已经取得了阶段性的成效，农村地区的道路、通信和电力等基础设施已经有了实质性的改善，不仅真正改善了广大农村地区的生活与居住条件，也为农民工返乡创业提供了良好的发展基础。如果各地农村的基层政府能够运用正确的政策导向与指导意见在农民工返乡过程中提供有针对性的、切实可行的方法与措施，将对农村地区的经济与社会发展产生巨大的推动作用，真正实现农村地区的可持续发展。

在我国传统文化中，人们普遍兼具务实与冒险的心理特征，这是企业家精神的心理基础和动力之源。对财富的追求使众多的农村人口走出乡村走向城市、远离家乡外出赚取劳务收入，乃至成功创业。城市的机遇固然很多，人口逐渐迁离的农村地区也同时出现了新的创业与市场机会，依托丰富的自然资源，加上多年来农民外出打工积累的技术与企业管理经验、市场意识，辅之以合理的政策导向和消费升级的市场机会，农民工返乡创业与新时代乡村文化建设之间的良性互动值得期待。

（三）耦合共生的可能性

1. 返乡创业和新时代乡村文化建设主体的耦合

耦合共生带动智力和劳动力向农村回流，有利于农村经济发展。我国农业生产力水平低下，农业科技人才奇缺。据统计，目前我国平均每万名农业劳动人口中只有农业科技人员 6.6 名，其中具有大专以上学历的仅 2.6 名；而发达国家平均每万名农业劳动人口中具有大学学历以上的农业技术人员有 40 名，差距相当惊人。我国农业正面临由传统农业向现代农业的转变，农业结构调整、农业产业升级、农业方向转变都牵涉诸多利益，如何权衡农业间发展，实现城乡一体化，均需要高素质的职业农民。农民工在城市中接受了现代工业文明、商业文明的培育，对农村情况的了解和情感要高于一般的投资者，对农村的认识也高于一般的其他创业者，这一群体对增加农村经济发展的内生动力作用更大。耦合共生机制能够加快智力向农村回流，为新时代乡村文化建设提供必要的智力支撑，积极宣传和鼓励农民工回乡创业不仅是解决我国目前"三农问题"的现实需要，也是加快我国新时代乡村文化建设的需要，是实现乡村振兴战略的必然要求。

耦合共生还有利于农业剩余劳动力的回流。我国农业剩余劳动力转移对地方区域经济的发展有强的负反馈作用：一是农村人力资源匮乏，有能力的人才大量流失，农村长期得不到高技术人才，造成人口缺口大。而劳动力转移又处于自发、分散、无组织初级阶段，不仅没有促进农村发展，反而造成严重的社会问题。二是农村劳动力素质本来不高，文化程度相对较低，所以国家或政府要积极引导劳动力产业转移。只有劳动力又回流到农村，农村才能有发展的潜力，才能步入新的阶段。三是造成农业剩余劳动力流出地的农地撂荒。我国绝大部分农民工都是农村中青年，他们外出打工后农村只留下老年人和儿童，而老年人由于体力、身体等方面的原因，大量农田无人耕种，导致土地肥力下降，使农村经济发展规模受阻，造成农村空心化。空心化的农村由于基础设施无法满足人民群众日益增长的美好生活需要，反过来又会导致农村人口的外流。当前我国的土地产权安排规定农村土地所有权归集体所有，农户对土地只拥有使用权，只能承包不能买卖。使用权的分散和转让为家庭农场这一新型农业经营主体的发展留下重要的突破口。但现实中的农民在农业经营过程中利益很低，而且负担越来越重，务农净收益微乎其微，即使转租责任田，所得到的净收益也低，租赁他人的田进行生产，获得的收益也很低。所以事实上这种使用权的交易难以达成一致，出租后的土地由于缺乏实际有效的监督，最终导致地力下降，农民综合考虑这些影响因素后会选择将土地自然抛荒后外出务工。四是抬升了农村经济发展的成本，使农村劳动力投入产出效率下降。近几年来，国家加强反哺农业的政策和措施，取消了执行多年的农业税，出台种粮补贴等一大批农业补贴政策，包括直接补贴、机械购机补贴等。这些措施的执行，使农民种田的积极性大涨，很多在外务工的农民开始回乡务农。国家虽然给予了很多优惠政策，但有视野、有知识、懂技术、有魄力的农民工还是没有大范围地回乡，只有少数农民工回乡务农。回乡的少数农民多年没有直接参与务农，需要适应一段时间，而且并没有带来农业技术的方法，地方特色农业和优势产业受阻，农产品科技含量不高，产业结构升级受阻，很难在短时间内产生规模效益。特别是在现代农业冲击下，农村经济发展缺乏高素质人才和技术支撑，农村只能在低效率下发展，不可能融入世界市场。低效率环境下，人才、资金等会流失。农业剩余劳动力转移的根本原因是多层次的，但是农村就业不足是其根本原因。返乡农民工返乡创业后能通过创业等多种渠道提供就业机会，有了人才的储备后更有利于中西部地区承接沿海地区的产业转移，为农村剩余劳动力提供更多的就业机会，实现农民的就近就业和置业。

2. 生产要素的耦合

农民工返乡创业和新时代乡村文化建设都离不开生产要素的支持，除了作为创业主体和文化建设主体的农民之外，资金、技术、管理和信息等生产要素对农民工返乡创业和新时代乡村文化建设的作用也非常重要。农民工往往在沿海等产业和技术发达地区务工，多年的务工经历使他们积累了一定的资金、较先进的技术和管理手段，返乡创业能够将这些先进的技术和管理手段应用到自己的创业实践中。如果割裂两者来发展，就会带来资源的浪费，也难以形成规模效应。农民工返乡创业和新时代乡村文化建设耦合机制能够做到生产要素在两者之间的耦合，通过鼓励和扶持农民工返乡创业，共享农民工返现创业过程中带来的资金、信息、先进技术和管理手段，为新时代乡村文化建设提供智力、资金、管理和技术支持，同时也有利于发展现代农业和推动农业科技创新，促进新农村建设。实践证明，农民工返乡创业能够带动农村产业的发展，能有力地推动农村经济的发展和丰富农村文化生活质量，如可以通过创业带动就业，实现农民工就近工作，有效解决留守儿童、空巢老人、夫妻分居等热点问题；可以优化农村产业发展结构、促进农民增收、改善地方财政收入；可以促进农村市场的发展和完善、延伸农业产业链、推动农村城镇化发展；可以移风易俗，推进社会主义新时代乡村文化建设，进而带动农村发展。让农民工返乡创业者了解到乡村振兴战略实施中存在的机遇，主动适应社会经济发展的需求，积极参与美丽家园建设，这有助于提高农村地区的科技文化水平，有助于推动农村生产力的进步，有助于实现社会的和谐发展。

3. 政策的耦合

在调研中我们发现，有80.51%的受访者不清楚政府的创业相关政策，是受访者不关心政策，还是政策的推广力度不大？通过进一步了解后得知，目前我国农业政策普遍存在的一个问题是政出多头，而所有的政策都需要乡村干部来落实，受人力和财力的限制，往往很难做到政策入户解读工作，往往和村民切身利益直接相关的政策才会得到大家的大力宣传。调查中还发现，政出多头还会影响政策的效率，在国家财力有限的情况下，有限的惠农资金被分配到多个部门来进行分配，农民真正享受到的政策红利经过层层的效率衰减后所剩无几，难以发挥惠农资金的预计效率。如农田基本建设方面，路是路、水是水，为了让水渠通过，才修好的路又被挖断，又如，一边在投入大量资金进行农田重金属修复，另一边又在大量使用农药化肥污染土地，又如地方政府制定了扶持返乡创业的优惠政策，但是银行却在创业贷款等政策上难以跟上，导致政府扶持农民工返乡创业政策大打折扣，诸如此类的事情还有很多。项目提出的农民工返乡创业和新时代乡村文化建设耦合机制就是希望各部门能协同一致，在政策制定、资金扶持、项目指导与考核等方面能够切实考虑基层实际和农民的需求，通过政策的耦合发挥合力来推进乡村振兴战略的实施效率。

第五章 耦合动力源：乡村振兴与农民工返乡创业

一、乡村振兴中的返乡创业机会

中国传统文化讲究的是顺势而为，现代商业行为也注重商业趋势，小米的成功便演绎了一出"风口上的猪也会飞"的商业奇迹，小米生态链更是催生了很多成功的创业企业。对于农民工返乡创业与新时代乡村文化建设的耦合来说，党的乡村振兴战略及党和政府关于扶持农民工返乡创业的政策势能是耦合动力源之一，市场需求变化引发的农业供给侧改革实践及其对农民工返乡创业行为的拉力是另一个耦合动力源。实施乡村振兴战略，是中共十九大作出的重大决策部署，是决胜全面建成小康社会、全面建设社会主义现代化国家的重大历史任务，是新时代"三农"工作的总抓手。2018 年 1 月 2 日，中共中央、国务院发布《中共中央　国务院关于实施乡村振兴战略的意见》。文件提出乡村全面振兴目标是全面实现"农业强、农村美、农民富"，指出产业兴旺是乡村振兴的重点。必须坚持质量兴农、绿色兴农，以农业供给侧结构性改革为主线，加快构建现代农业产业体系、生产体系、经营体系，提高农业创新力、竞争力和全要素生产率，加快实现由农业大国向农业强国转变。乡村振兴战略描绘出一幅农村、农业和农民融合发展蓝图，坚持农民为主体、加大农业供给侧改革的发展思路将提供更多农民工返乡创业机会。

（一）政策势能对农民工返乡创业的推力

我国的创业教育始于 20 世纪 90 年代。国家劳动和社会保障部 1998 年开始引入 SYB 创业培训，探索以培训促就业、以创业带就业的就业促进模式；2002 年，教育部确定以清华大学等 9 所高校为我国创业教育试点高校基地，随之劳动保障部、财政部、国家发展改革委及各地政府先后出台扶持创业者的政策；2008 年，中共十七大报告指出要把创业就业上升到国家发展战略层面，建立以创业带动就业的机制；2009 年政府工作报告强调要"加快步伐建设一大批投资少、见效快、覆盖面宽的创业园、创业孵化基地来充实就业成果"；2010 年政府工作报告进一步提出要"拓宽就业、择业、创业渠道，鼓励自主创业、自谋职业等多种形式的灵活就业，以创业带动就业"；2015 年的政府工作报告提出要"推进'大众创业、万众创新'"，中共十八提出创新驱动发展战略。至此各类创新创业大赛接连举办，各种天使投资基金纷纷成立，创新创业成为一种时尚行为，社会对创新创业高度认可，各级政府对创新创业的支持力度持续加大。这种社会大创业的热潮对农民工返乡创业产生极大推力，一些有技术、懂市场、会管理，并积累了一定资金的农民工开始返乡创业。

中共十九大提出实施乡村振兴战略，深化供给侧结构性改革，鼓励更多社会主体投身创新创业，在 2017 年中央农村工作会议上进一步明确提出了乡村振兴战略的发展道路，指出要走中国特色社会主义乡村振兴道路，必须深化农业供给侧结构性改革，走质量兴农之路。通过构建农村一二三产业融合发展体系，走互联网+现代农业发展之路，加快构建现代农业产业体系、生产体系和经营体系，要不断提高农业创新力、全要素生产力和竞争力。2018 年中央一号文件《中共中央关于实施乡村振兴的意义》进一步提出了产业振兴、人才振兴、文化振兴、生态振兴和组织振兴五大振兴内容，更是构建一个创业政策势能高地，为广大农民工返乡创业指出清晰的创业发展路径。

（二）市场需求变化对农民工返乡创业的拉力

中华人民共和国成立以后，国家在战后一穷二白的基础上开始了国家建设之路，为了集中力量发展社会生产力，我国实行计划经济体制。这一时期社会生产力水平较低，商品经济不发达，是典型的供方市场，得商品者得市场。在计划经济这一时期的创业者更加强调的是其获得商品的能力。改革开放以来，我国的社会生产力快速发展，商品经济发展迅猛，经济体制由计划经济过渡到社会主义市场经济体制，这一时期的市场需求特征是产品与销售并重，销售占比越来越重，这一时期更强调创业者把握市场商机的能力。随着社会生产力的发展，商品供应极大丰富起来，开始积极发展外向型经济，投资、消费、出口贸易一度成为拉动中国经济增长的"三驾马车"。2008 年国际金融危机以来，国际市场持续低迷，国内需求增速趋缓，我国部分产业供过于求矛盾日益凸显，这种产能过剩由钢铁、水泥等传统制造业开始向外蔓延，2016 年中央经济工作会议把"去产能"列为当年五大结构性改革任务之首。这一时期的市场更看重创业者商品营销能力，商品包装和广告投放成为应对市场需求变化的主要手段。

随着人们生活水平的提高，人们对美好生活的需要越来越迫切，食品安全问题得到社会的广泛关注。中共十九大提出的乡村振兴战略和农业供给侧结构性改革从根本上解决了农业如何提质增效，怎样提供高质、安全、生态的农产品以满足市场需要等人们群众普遍关注的问题。这种市场需求的变化使得农业成为热点行业，吸引社会资本投资农业，也吸引人才向农业流动，成为农民工返乡创业的重要拉力。

（三）乡村振兴中的返乡创业机会

乡村振兴战略指出第一产业（农业）的出路是实现产业化和机械化，实施路径是实施资本化运作、生态化生产、品牌化营销。农民工返乡创业机会将在农业价值链拓展、农产品产业链拉长中凸显，具体可以在农旅结合、农商结合、农消结合、农服结合等方面开展创业实践。

1. 传统农业领域中的创业机会

传统农业在农业供给侧改革背景下面临升级改造的机会，农民工返乡创业可以依托当地特色强势产业，以家庭农场这种微观产业组织为载体，自发组建并充分发挥专业合作社的引领带动作用，大力发展特色种养业。传统农业领域的创业机会容易被识别，进入门槛较低，容易被返乡农民工接受。"80 后"黄志飞是湖南省安化县东坪镇大湖村人，该村位于县城北部，平均海拔 600 多米，共有荒山荒地 3000 多亩，森林覆盖率达到 90%以上，得天独厚的地理条件造就了这里的野生中药材品质极佳。黄志飞作为村里为数不多的在外打拼发家致富的年轻人代表，从 2012 年开始就有了在大湖村发展中药材产业的想法。2012 年黄志飞投入资金 30 万元用于支付村民的劳务费用和土地流转费用。2012~2015 年陆续签订了近千亩荒山流转合同，成立了黄风坳生态农业专业合作社，自筹资金 100 多万元种植厚朴 500 多亩、林木 400 多亩、茶园 100 多亩、林下套种黄精 50 多亩，通过长期或临时聘用贫困户劳动力，为当地农户增收 50 余万元。截至 2017 年，黄志飞已经带动大湖村村民发展黄精种植 500 多亩、厚朴 2000 多亩、玉竹 500 多亩、天麻及其他药材 50 多亩，预计到 2020 年能实现全村中药材增收 800 万元左右。根据大湖村的实际情况，针对中药材种植投入成本大、回报效益周期长的特点，黄志飞将大湖村已有的四个农业生产合作社、三个家庭农场组合起来，成立了大湖村产业协会，与全村 167 户建档立卡贫困户签订了中药材产业扶贫协议，制定了完善的管理运行机制，带动当地更多的农民工返乡创业。

2. 美丽乡村建设中的创业机会

农业强不强、农村美不美、农民富不富，决定着全面小康社会的成色和社会主义现代化的质量。美丽乡村建设在实践着习近平总书记关于"绿水青山就是金山银山"的美好愿景，是乡村振兴战略的一个重要环节。美丽乡村建设重在强化农村基础设施建设，发挥农村良好的生态环境优势，以政府规划引导、社会资本参与、多产业融合的发展理念，营造"让村民望得见山、看得见水、记得住乡愁"的美好人居环境，进而推动城乡统筹发展、产业融合发展、经济生态协调发展。在美丽乡村创建和发展过程中，需要各类创业主体参与，这就为农民工返乡创业提供了很多创业机会。湖南省江永县立足丰富的香型特产和"三千文化"底蕴深厚的特色资源优势，以富民增收为出发点，以产业建设为切入点，紧紧围绕"规划科学、生产发展、生活宽裕、村容整洁、乡风文明、管理民主、宜居宜业"的美丽乡村建设内容，坚持"政府引导、村民主体，全社会参与"的原则，整合县域资源，明确运用"互联网+"思维，采取"美丽乡村+乡村旅游+五香农业+历史文化"等模式建设美丽乡村，力争"村村出彩、千村千面"。2017 年，该县启动建设了 30 个美丽乡村示范村（其中，省级美丽乡村示范创建村 3 个，市级美丽乡村示范创建村 2 个）、17 个农村人居环境整治重点村。在推进美丽乡村建设的同时，注重整合资源，推动扶持农民工返乡创业与美丽乡村建设融合发展。按照宜农则农、宜游则游、宜文则文、宜工则工的原则，大力培育特色主导产业。目前，30 个县级美丽乡村均培育了各具特色的增收致富产业，其中粗石江镇仙姑塘村、白土村已建成了以香柚为主的特色产业带，其中均以农民工返乡创业项目为主。湖南省安仁县以全国首创的稻田公园为美丽乡村建设切入点，于 2014 年 3 月 21 日正式开园。稻田公园集农业示范、农耕体验、科普教育、旅游观光、休闲娱乐五大功能于一体，以"一江一河，两山两水八庄园"为核心（一江一河指永乐江和排山河，两山两水指熊峰山、凤岗山、水上拓展中心和儿童水上乐园，八庄园指农耕文化园、江滩公园、水上游园、农耕体验园、鲜果采摘园、春分观鹭园、万亩茶园和国际养生园），以 5 万亩连片稻田将永乐江、神农景区和熊峰山国家森林公园串联起来，是该县发展全域旅游的一个关键节点。稻田公园的美景留住了美丽乡愁，丰富了人们的文化生活，也成为该县农民工返乡创业的重要平台。在外务工的永乐江镇新丰村村民何香贵乘上了稻田公园建设的春风，2013 年投入 36 万元购买了一台铲车返乡创业，他白天在承接的稻田公园基础设施工程项目上工作，每天下班后还在稻田公园旁支摊卖起了绿豆沙等冷饮，一年光是晚上卖绿豆沙等冷饮就能增收 7 万多元。63 岁的贫困户周群莲依托稻田公园，选择传统的烫皮小吃作为创业项目，经过几年的经营，成为了"安仁披萨"的代言人，其手工制作的烫皮小吃能有近 8000 元的月收入，烫皮小吃创业让她摆脱贫困走上小康路。何香贵、周群莲的美好生活缘于稻田公园带来的发展机遇，在于他们把握住了美丽乡村建设中的创业机会。

3. 电子商务进农村中的返乡创业机会

国家对电子商务进农村工作非常重视，从国家商务部 2014 年开始开展"电子商务进农村综合示范县"项目以来，开始陆续出台涉及农村电子商务的政策文件，如 2015 年中共中央、国务院在《中共中央 国务院关于加大改革创新力度加快农业现代化建设的若干意见》（中发〔2015〕1 号）中提出要支持电商、物流商贸、金融等企业参与涉农电子商务平台建设，开展电子商务进农村综合示范。在《中共中央 国务院关于深化供销合作社综合改革的决定》（中发〔2015〕11 号）中进一步指出要加快发展供销合作社电子商务，实现线上线下融合发展。国务院及办公厅 2015 年连续下发《国务院办公厅关于大力发展电子商务加快培育经济新动力的意见》（国办发〔2015〕24 号）、《国务院关于积极推进"互联网+"行动的指导意见》（国发〔2015〕40 号）、《国务院办公厅关于加快转变农村发展方式的意见》（国发〔2015〕59 号）、《国务院办公厅关于促进农村电子商务加快发展的指导意见》（国办发〔2015〕78 号）等系列文件，文件中都强调要开展电子商务进农村综合示范，积极培育农村电子商务主体，扩大电子商务在农业农村中的应用。电子商务进农村示范项目注重物流体系建设、电商服务站点建设、电子商务培训、电商销售体系建设、品牌培育和质量追溯，这些环节都会提供大量的农民工返乡创业机会。电子商务进农村综合示范项目的实施有效破解了农产品滞销的难题，为农业供给侧改革提供了一个有效解决方案，也促进了农村三产融合发展。截至2017年底，电子商务进农村综合示范县获批756个，直接带动2800万人就业及创业，农产品电商即将突破3000亿元大关，农村网络零售额1.25万亿元。据湖南省商务厅发布的《2017年湖南省电子商务报告》，截至2017年底，湖南省共有33个县进入全国电子商务进农村综合示范县行列，已经建成县级电商服务中心170个，村级电商服务站12602个，累计认定涉农电商企业585家，其中省级示范涉农电商企业39家，全省农村电子商务交易额1800亿元。在这些涉农电商企业中，不少是农民工返乡创业典型，如张维创办的菜菜农业就是抓住了电子商务进农村的市场机遇，菜菜农业的创业初心是有感于小农户种植的优质农产品销售困难，而市民青睐农民自种的蔬菜却难以买到，于是回乡成立菜菜网络公司，创立菜菜农业电商平台为农户建档立制，包括家庭人口情况、身体情况、菜园情况、猪鸡鸭养殖情况等，并为每一家农户配备一个可溯源二维码，以村组为单位定点集中收集、定点配送。菜菜农业为市民带来了新鲜、原生态、快捷、可溯源、性价比高的农产品，也解决了乡村闲置资源共享、农民养老的社会问题，取得了很好的经济和社会效益。

4. 龙头企业带动中的返乡创业机会

农业龙头企业对农村区域经济的带动作用明显，不仅体现在通过带动农业结构调整促进了农业产业发展上，还体现在实践层面上促进了农业生产新技术的应用推广、农产品加工产业化进程，是实现农村产业兴旺、农民增收的有效载体。农业龙头企业在自身的发展过程中会产生价值外溢效应，会提供很多的创业机会，能够积极主动地扶持农民工返乡创业者成长，通过鼓励创业实现了企业发展、创业者成长的利益共享之路。国家农业产业化重点龙头企业——湖南临武舜华鸭业发展有限责任公司，拥有集种养、加工、商贸三大板块于一体的纵向全产业链条，该企业在发展过程中树立了"致富农民，报效社会"的经营宗旨，在全产业链的各个环节都提供了大量的返乡创业机会。临武鸭养殖是湖南临武鸭业公司产业链的上游端，在公司的带动下，该县武水镇刘家村看中临武鸭养殖的市场前景，1997 年由村干部带头示范大力发展养殖临武鸭。该村实行挖田为池、池面养鸭、鸭粪养鱼的立体养殖模式（注：由于农田保护政策后改为水库立体养鸭）。投产当年就出笼肉鸭 25 万羽、产鸭蛋 18 万多个、产鱼近 5 吨，取得了可观的经济效益，直接带动该村近半村民加入养殖行列，到 2002 年产肉鸭 350 万羽、鸭蛋 80 余万个、鱼 30 多吨，年利润 480 余万元。该模式在临武县及周边县得到推广，带动大批农民工返乡创业，也确保了公司的快速发展。农民工返乡创业者陈学胜于 2013 年返乡创业，他与几户亲朋好友一起成立了临武鸭养殖家庭农场，成为了舜华鸭业"公司+合作社+家庭农场"产业模式中的一环。家庭农场由舜华鸭业公司帮他们挑选好养殖场地，兴建厂棚，提供鸭苗，再由合作社提供技术、信贷、销售定价等配套服务，经过几年的发展，陈学胜的家庭养殖场每年可养鸭 4 万多只，年利润近 15 万元。像陈学胜这样的标准化专业养殖场，舜华鸭业公司共建成 236 个，带动临武鸭养殖农户 5000 多户。此外，公司在产业链的中端（生产、包装）提供了大量返乡就业机会，在销售端也提供了大量返乡创业机会，目前已经开设品牌形象专卖店 200 多家，直接从业人员 2100 多人。

5. 文化服务中的返乡创业机会

文化服务是一个广义的概念，既包括设计、包装、文印、摄影摄像、互联网服务等传统领域，也包括对各种文化要素进行整合、创新所衍生的各种新领域。因此，文化服务中的创业机会体现在农村区域经济发展的各个层面，与人们的生活息息相关。如最近农产品电子商务的快速发展就催生了许多电子商务服务类的创业公司、专注于农产品展示和企业文化宣传的文案及音视频制作公司、专注于品牌推广的广告公司等。还有不少返乡创业者看中乡村振兴乡土文化的商业价值，充分挖掘家乡悠久的传统文化，并用现代营销手段予以包装上市，既圆了现代都市人"留住看得见的乡愁"梦，又促进了农村经济社会的发展，解决了农民的就近就业和增收问题，同时还达到改善农村人居环境、建设美丽家园的目的。山东省淄博博山幽幽谷旅游开发有限公司总经理赵胜建在中郝峪村的文化创业之路就是一个典型案例，赵胜建于2005年回到当时一片贫瘠的中郝峪村，通过创办桔梗加工厂完成原始积累，有感于村里农家乐因恶性竞争导致的歇业现状，决定整合全村的房屋、土地资源，以公司化集体运营方式，依托乡土文化开办旅游综合体。在吃、住、品、玩上既充分体现传统文化的魅力，又注重与现代生活紧密结合，如随处可见的包饺子、掏鸟窝等乡村情趣主题墙画，淳朴的农家大娘与特色美食，二妮子馍馍坊、马大娘豆腐坊、老梁煎饼坊等传统美食招牌吸引游客流连忘返。农耕文化陈列馆和农事体验园给城市孩子上了生动的一课，乡村记忆馆展示农村生活演变历史，增添人们的幸福感。赵胜建的乡土文化创业把乡土文化卖了个好价钱，将绿水青山变成了金山银山，2017年全村综合收入突破2800万元，人均收入突破3.8万元，同时还通过文化创业重塑了乡村文化道德，提升了村民的文明水平和人居环境，掀起外出村民持续返乡创业热潮。

6. 产业扶贫中的返乡创业机会

湖南省安化县肖泉源于2015年返乡创业，确定走发展生态农业，助推精准扶贫的创业之路。肖泉源在实地走访了安化县15个乡镇、10余个农牧业项目后，明确了以藏香猪养殖为主的生态农业发展方向，并于2015年9月26日正式注册成立湖南创源农牧业开发有限公司。企业在发展过程中，一直把产业扶贫与企业发展放在同等重要的位置。完成了村级规划，新增路灯100余盏，落实了亮化美化工程；硬化道路10余千米；

架通了自来水；建设了文化书屋与农村电商平台，以实际行动帮助建樟村实现了 2017 年整村脱贫目标。当前创源公司与周边 10 个村 633 户、2500 人签订了产业扶贫帮困协议书，累计发放 120 万元扶贫和购买种苗、农家肥的资金，贫困户人均增收 3000 元以上；直接安置建档立卡贫困户 8 人就业，每户平均增收 2 万余元；每年支付土地流转费 1.8 万元，30 年租赁期为建樟村增收 54 万元。安化县政协一位领导在现场走访考察后如此评价创源公司在扶贫领域做出的成绩：走访这么多产业扶贫企业，还没见过比湖南创源更实在、更精准、更快速的企业。

二、农民工返乡创业政策演变趋势

（一）创新驱动发展战略营造更好的创业政策生态

推进农民工返乡创业是党中央、国务院大众创业、万众创新重大战略部署的重要组成部分，它适应了经济发展的新常态，深化了农业产业结构调整，为"三农"的发展注入了新的动力。农业部作为开拓创业农民工的领导机构，将创建开拓创新与政府"搭建一个平台"的想法按照农民良好的生态环境为目标，收集资源，通过资源的整合，提供一组政策服务、建立一个平台、培养一批干部、总结一些模型、建立一个服务体系，使返乡创业者"门好找、事好办、政策清"。好的农村创新创业生态，将对农民工返乡创业更具吸引力。

（二）"四化"同步和城乡统筹发展提供更坚实的创业硬环境支撑

从时代发展的总体趋势看，进入 21 世纪以来，我国整体进入了城乡统筹发展的新阶段，农业与工业、农村与城市发展相结合。特别是近年来，随着沿海产业向内地转移，中西部地区的工业基地逐步形成并壮大，返乡农民工就业创业机会明显增加。更为重要的是，全国扶贫开发的迅速推进，大量社会资本及各类生产要素流入农村，极大改善了返乡农民工就业和创业的支撑环境。从创业环境来看，城乡统筹发展、新的生产要素涌入，使农村地区出现了更多新的产业，产业环境也得到进一步改善，农村也能更好地融入整个现代化进程中，具体体现为城乡之间的信息和物流网络更为畅通。逐步现代化的信息、物流、金融网络有效地将农村优质资源与城市消费市场连接起来。返乡农民工由于了解城市需求、熟悉互联网等现代手段，并在农村拥有土地和社会资本，在创办自己的企业时可以享受城乡联合发展的普惠。

（三）创业金融服务体系逐步健全

传统农村市场的融资渠道主要依靠民间融资，一般做法是从亲戚朋友那里进行拆借，但创业过程资金需求过大而亲戚朋友无法满足这种拆借需求时，就会希望借助银行或社会融资平台，但是因为农民工返乡创业型企业发展规模过小，缺乏必要的抵押品，消费和信用记录缺失等问题导致借贷风险增高，一般银行和社会融资平台不愿意提供针对农民工返乡创业的贷款服务。针对农民缺乏抵押品、缺乏消费和信用记录等问题，可以引入互联网金融平台，运用合理的风险控制措施来化解风险。逐步健全的创业金融服务体系将解决农民工返乡创业金融服务供求矛盾。通过加大金融支持农民工返乡创业力度，鼓励融资平台为农村发展服务，鼓励有条件的地区拓宽农村社会融资渠道，建立农村电子商务发展基金。

（四）农村三产融合发展创造更多的返乡创业选择

在过去，我们一般认为返乡创业必须以农副产品为基础，一些地方政府也将支持农民工返乡创业的范围进行了限制。事实上，根据阿里研究院的大数据分析，淘宝村的服装、家具和鞋子销售额最高，没有农副产品进入前十。可见，农业或农产品并非农民工返乡创业的首选，其主要原因是农村基础设施较弱，特别是产业发展的基础设施存在一定缺陷、产业体系也不健全，农村产业的发展还存在一定的"瓶颈"。农村一二三产业融合发展，将在农村逐步建立有一定规模的、完善的产业体系，在区域范围内形成产业的聚集，提高各类生产要素的利用效率，这样在外积累了一定量的资金、技术、管理经验、销售渠道的返乡农民工才有用武之地，才能为他们提供更好的创业环境与机会。

（五）逐步完善的"两权"抵押融资机制将赋予农民土地财产权

2015 年 8 月，国务院印发的《关于开展农村承包土地的经营权和农民住房财产权抵押贷款试点的指导意见》提出了赋予"两权"抵押融资功能、推进农村金融产品和服务方式创新、建立抵押物处置机制、完善配套措施、加大扶持和协调配合力度五项试点内容，旨在盘活农村土地资产，探索农民增加财产性收入渠道，通过维护好、实现好、发展好农民土地权益，落实"两权"抵押融资功能来盘活农民土地用益物权的财产属性。通过在贷款利率、期限、额度、担保和风险控制等方面加大创新支持力度。通过允许金融机构在保证农户承包权和基本住房权利的前提下，依法采取多种方式处置抵押物，完善抵押物处置措施。通过加快推进农村土地承包经营权、宅基地使用权和农民住房所有权确权登记颁证，建立完善农村土地产权交易平台，建立健全农村信用体系。同时在货币政策、财政政策、监管政策、保险保障等方面加大扶持和协调配合力度。"两权"抵押融资机制的推进，将进一步扩大金融资本的杠杆效应，引导风险资本、风险投资、天使投资等社会资本进入我国的风险投资领域，为企业家提供更便捷的融资服务。通过鼓励各地建立风险投资基金，吸引社会资本参与，促进创业发展，支持新兴产业早期、中期和长期发展。充分发挥多层次资本市场的作用，支持合格企业上市融资。开展公共股权融资试点，推进多渠道股权融资，发展新的金融机构和融资服务，促进公共创业。

（六）逐渐优化的财税政策为农民工返乡创业提供财政支持

全面落实支持农业的政策，支持小微企业发展，支持科技创新，实施减税和收费减免。外来务工人员和其他人员要返乡创业，按照税收等优惠政策和条件，严格按照有关规定，认真落实工作。根据税收减免政策的规定，对吸收超过六个月失业人员的企业，全面实施高新技术企业职工教育费用税前扣除政策。严格执行企业收费清单管理制度，全面清理行政收费、政府性基金和强制垄断经营服务收费。

（七）创业培训为农民工返乡创业提供智力支持

国家劳动和社会保障部 1998 年开始引入 SYB 创业培训，SYB 创业培训解决了有志创业者创业时遇到的创业知识不足的问题，探索了以培训促就业、以创业带就业的就业促进模式。随着 SYB 创业培训的深入开展，很多地方政府开始针对返乡农民工创业培训实践，结合创业者个人特质、所创办企业的行业特征、产品或服务的市场需求，以及县域经济的发展阶段，制订出针对性较强的个性培训计划，完善培训内容，并提供面授理论培训、远程培训服务及实操训练；针对文化程度有限的农民工开展培训知识和经验交流，最大限度地释放培训的辐射力量。通过建立并完善业务指导体系，邀请经验丰富的创业企业家、电子商务顾问、见识卓著的天使投资人等业内专家，组建团队来提供创业指导。加大返乡创业培训基地建设，依托培训基地定期组织开展现代企业管理和企业社会责任、法律法规等相关培训，帮助返乡创业企业规范企业管理制度，完善法人治理结构，重视安全生产，加强节能减排和环保。

三、农民工返乡创业发展趋势

（一）家庭农场等新型经营主体发展迅猛

家庭农场是我国现代农业经营主体较为常见的一种形式，结构简单，容易实现精益化管理，是适合农民工返乡创业的一种产业组织结构。在2013年中央农村工作会议上，习近平总书记指出要加快构建以农户家庭经营为基础、合作与联合为纽带、社会化服务为支撑的立体式、复合型现代农业经营体系。现代农业经营体系构建目的旨在克服我国农业经营规模过小所带来的一些弊端，通过培育适度规模经营主体并发挥其在农业现代化中的引领作用和示范作用，促进农业的创新发展和农村经济社会文化发展。近年来，家庭农场等新型经营主体发展迅猛。全国家庭农场数量在2018年初已经超过87.7万户，其中纳入农业部门名录管理的家庭农场达到44.5万户；依法在工商部门登记注册的农民合作社数量达到190.8万家，实有成员11448万户，占农户总数的46.6%；各类农业产业化龙头企业数量达到13万家，以龙头企业为主体的各类产业化经营组织，辐射带动全国1.27亿户农户；各类农业公益性服务机构达到15.2万个，农业经营性服务组织超过100万个。各级政府也积极创新农业管理体制和提高农业社会化服务，鼓励返乡农民建立家庭农场、林场、养殖场及农村专业合作社等新型农业经营主体，重点打造集规模化、标准化、一体化于一体，涵盖初级农产品生产—农副产品加工—农副产品销售—农资配送的完整供应链。

（二）依托乡土文化和地域特色发展休闲农业

通过挖掘地方特色文化，培育区域特色品牌，引导和扶持返乡创业骨干挖掘和做大乡村文化蕴含的潜在价值，大力开拓休闲农业和乡村旅游等特色创业项目。在返乡创业过程中，要积极引导农民工与政府机构、金融部门、区域农业生产经营等相关企业开展业务合作，全面把握大数据时代背景下的区域发展规划。在服务和配套区域发展规划的基础上，适度引导返乡创业者确立科学创业的方向，形成区域创业合力。受资源禀赋限制，返乡农民工创业一般比较保守，创业项目偏好第一产业内的中、低端产品，市场竞争力弱，整体效率不显著。为了提高创业绩效，返乡创业者会试图挖掘乡土文化和地域特色，提升产品附加值，或者是通过延伸产业链条，依托家庭农场积极打造农旅生态休闲农业。随着人们生活水平的提高，消费者需求较以往发生了很大变化，对美好生活的需求更加迫切，对农产品的品质、安全和生态更加注重，旅游的偏好也逐渐开始向生态休闲度假游过渡，这些需求的变化将促使农业供给侧改革的全面推进，也必将影响农民工返乡创业发展向依托乡土文化和地域特色发展休闲农业转变。湖南省古丈县自 2017 年开始启动"中国·古丈茶旅文化节"，通过文化节的四大篇章"古丈毛尖开园仪式、创意茶旅年度风云盛典、古丈毛尖新茶推荐会、中国有机茶高峰论坛"来宣传古丈茶园秀美风光，推介古丈悠久茶歌文化、促进千年茶香繁荣。"中国·古丈茶旅文化节"已经成为宣传古丈茶文化、做强古丈茶产业、兴旺古丈茶旅游、提升古丈经济发展的重要平台。目前，古丈已经实现人均 1 亩茶园、全县 80% 的农业人口从事茶叶生产，90% 的村寨种植茶叶，有 2 个万亩茶园基地，8 个千亩以上茶园基地，33 家企业获得有机茶园认证，茶产业规模从 2009 年的 1410 吨发展到 2017 年的 7346 吨，产值 2017 年已经突破 7.8 亿元，成为名副其实的中国有机茶之乡。大连市在每年 5 月举办油菜花节，并有意识地将油菜花的播种期推迟，将赏花期与本地的采摘季相结合，延伸了当地乡村旅游经济周期。为进一步营造鼓励和扶持返乡创业创新的社会氛围，大连市还开展了返乡下乡"十杰百优"创业创新人物评选活动，激发了农民工返乡创业的热情。大连市还积极开展农村创业创新园区创建活动，截至

2018 年 5 月已创建 32 个，通过农业创业创新园区带动就业达 11.59 万人，年营业收入达 29.45 亿元。

（三）电子商务进农村综合示范项目促进农村电商快速发展

全国电子商务进农村综合示范项目于 2014 年 7 月启动，标志着全国农村电子商务进入发展快车道。目前，我国农村电商发展呈现以下几个趋势：一是推动力量多元化。在电子商务进农村综合示范项目启动之初，农村电商发展主要依靠行政力量推动，不论是电商主体培育还是电商物流、站点等基础设施建设都是由政府一手主推。随着农村经济振兴，农村电商市场快速发展，京东、淘宝、苏宁、美团等电商平台巨头纷纷主动斥资在县区开设运营中心，在农村布局电商平台站点、体验店，铺设物流金融服务渠道，如村淘联手菜鸟物流正在布局农村物流体系、京东物流服务向乡镇延伸。而电商创客群体为拓展销售市场，也开始积极贡献自己的智慧和力量，在产品设计、营销方式、物流包装等方面进行创新，在农村电子商务的成功示范效应下，家庭农场与合作社开始主动融入电商，加入电商定制化供货商行列。二是运营主体协同化。当前农村电商的主流模式还是"电商+随机供货商"，只有少部分是"电商+基地"模式，但恰恰是这少部分电商销售稳定、业绩突出，经过调查了解，其原因主要为消费者由之前的好奇消费转变为体验消费、刚需消费，越来越注重产品的品质。随着农产品电商的兴起，运营主体协同发展是必然趋势，要求产品供应商和电商企业建立稳定的合作关系，电商企业者负责营销和大数据收集分析，产品供应商负责根据电商企业需求（市场需要）在数量和质量上进行定制化生产。此外，物流企业之间也要协同发展以降低综合运营成本、提高经济效益。农村电商点多、线杂、路远，点与点之间上下行数量、时间不一，导致农村电商物流成本高、效率低（快递每单比县城物流平均高出 1 元，配送比县城平均高出 1 天半），成本控制和实效可提升空间还很大，为物流企业间的合作提供了合作基础，整合快递运输线路，快递信息实效共享互通是农村电商物流的必然趋势。三是电商产品可溯源化。发展农村电商的本质是解决农村电商交易服务，要让农产品通过电商进入家庭，必须要解决消费者的信任问题，要通过建立电商产品的可溯源系统，让消费者对农产品的品质和质量安全放心。农产品供应链全线可溯源将是农业供给侧改革的重点，包括采购、仓储、包装、物流、运输、配送、售后等，农产品的选地、选种、播种、施肥、灌溉、收获一直延伸到餐桌要全程可追溯。四是农产品跨境电商开始兴起。随着跨境电商的蓬勃发展、"一带一路"市场的开拓和我国农产品质量的提升，农产品跨境电商兴起是必然趋势。

全国电子商务进农村综合示范项目启动以来，在扶持农民工返乡创业、促进农村经济社会发展、精准扶贫等方面取得了很好的成效。以湖南省江永县为例，该县于2015年9月建成全省第一个电商发展集聚区（电商街），当年底就吸引京东、湖湘商贸、阿里村淘、邮乐购等电商平台公司进入并设立县级运营中心，进村布点100余个，村级电商服务站点覆盖率达80%，截至2017年12月，江永县共建设147个农村电商服务站，培训30期农村电商人才共3600人次。全县农村电商从业人员超过2000人，通过电商带动全县农产品销售额超过10亿元。该县千家峒瑶族乡刘家庄村的15名返乡农民工牵头创办电商专业村，开发山茶油、山野味、山野菜、山竹笋系列绿色生态电商产品，突出瑶山特点，带动本村及周边四个村近100户贫困户进行生产和网上交易。该县某花生电商公司和某生态农业有限公司发展小籽花生基地3000亩、实现线上线下销售收入2200万元，带动了2000贫困户脱贫。湖南某电子商务有限公司以该县香柚、脐橙、腊肉、生态稻米、瑶族风情旅游为切入点、创建"勾蓝瑶"品牌，2016年实现网上销售收入2500万元。该县允山镇何镇文的"湘村驿站"带动本村12户贫困户开发"土娃米酒"，年网上销额达到80万元，网销夏橙120万元。

第六章 耦合作用场：乡村振兴与乡村文化发展

　　新时代乡村文化是农民工返乡创业与新时代乡村文化建设耦合机制的作用场，这种作用场主要通过两个途径来发挥作用：一是对乡村建设的影响；二是对农民工创业的影响。农村文化对乡村建设的影响首先表现在对社会关系的影响。许多学者研究指出，中国传统社会中最重要的制度是家族制度。在中国，家是社会的核心，家是一个紧密结合的团体，整个社会价值体系都经由家的育化之后再传递给个人。孔子创立的儒家学说就是建立在家庭治理的基础之上，简单地扩展到社会关系的处理和国家治理之上，体现为修身齐家治国平天下、君臣父子家国同构理论，被统治者加以利用和改造后成为官方的主流意识形态。儒家伦理所提及的五种社会关系，君臣、父子、夫妻、兄弟、朋友，只有"朋友"之间是平等关系，"君臣、父子、夫妻和兄弟"都是基于家天下理念的体现。儒家并不是现实社会无原则的维护者，儒家文化同时也是社会发展过程中的制约与批评力量，它对君主的残暴、官吏的腐败、赋役的繁重、土地的兼并等激化阶级矛盾和危害社会的行为，也会予以必要的批评和抨击，发挥文化的缓冲与调节作用。在农村地区，家族是个人社会关系的主要延伸，血缘关系是人与人交往非常重要的基础。在社会交往中，遵循差序格局的原则，每个人的交往空间往往比较有限。两者的核心是农业文明和儒家文化，也是一种零和博弈的文化，权力崇拜与自然主义的文化。农村文化对乡村建设的影响还体现在对乡村治理的影响上。在政治方面，中国传统文化体系是以血缘为基础，遵循"百善孝为先"的传统，讲情谊，讲孝顺。而西方社会个体与家庭的关系不是非常紧密，强调个体的独立性。梁漱溟认为这种差异产生的原因有以下几点："第一，自由买卖土地、人人得而有之；第二，遗产均分，而非长子继承之制；第三，蒸汽机、电机未发明，乃至较大机械亦无之。"也就说明，一方面，生产资料处于分散的、流动的、不规则的状态中，经常需要重新分配，才能有效配置资源；另一方面，生产力长期得不到有效的释放，始终不能运用到工业生产中。

一、中国乡村文化的特点

"文化"二字来源于古代，并且一直沿用至今，是中国历史遗留下来的宝贵遗产。孔子在谈到周朝的制度时曾经感叹道："郁郁乎文哉，吾从周。"《尚书·舜典》与《论语·雍也》分别谈到"经纬天地曰文"；《礼记·中庸》说"可以赞天地之化育"；等等。"文"与"化"一般连起来使用，有据可查的是战国末年《易·贲卦·象传》中讲到"刚柔交错，天文也。文明以止，人文也。观乎天文，以察时变；观乎人文，以化成天下"。文化是凝结在物质之中，又游离于物质之外。通俗来说，文化是指人类在社会发展过程中积累下来的各种文明的总和，包含不同历史阶段、地域和空间范围内所形成积累的物质文明及精神文明。这种总和还包括风俗习惯和风土人情、道德规范和价值取向、信仰图腾和文学艺术、思维模式和社会制度、科学发明和技术水平，等等。文化在不同时间、不同地方的影响和作用无外乎以下几点：第一是沟通与整合。为了有效地沟通，需要人们把已有的文化进行归纳整理，然后与其他外来文化进行整合，整合的目的是协调不同群体间的成员文化差异，消除两者的隔阂，使其在思想和行为上能够进行有效的沟通和交流。第二是行为导向。文化的导向作用通过规范人的行为和语言，达到思想认知上的统一，使人们在人生观、价值观、是非观等方面形成一套相对统一和规范的体系。第三是维持社会秩序。文化是一种在社会中的人们所共同遵守的行为准则，每个人都有义务去遵守，一旦某种文化在人们心中形成和确立，就意味着这种文化所代表的价值观和行为规范被人们认可和遵从，也就形成了被普遍认可的社会秩序。从历史视角考察，文化是通过家庭与社会的学习、模仿与传播，向新的世代传递过去的行为规范与思维方式，让下一代认同、共享上一代的文化，实现文化传承的功能，维护着社会的相对稳定。同时文化也随着人类历史的发展进程不断发生变化，本书所指的新时代乡村文化是指赋予了时代特色、有别于传统农村文化的新时代乡村文化，它与中国特色社会主义建设的实践紧密相关。新时代传统文化来源于传统文化中的精华部分，如善良、淳朴、勤劳、节俭、团结、互助、爱国、诚信等，只有摒弃了封建迷信的糟粕，吸纳了现代商业社会的精华，两者结合、相互融合才能有新时代的创新。

中国自古以来就是一个典型的农业社会，农业一直是国民经济最主要的构成部分。直到改革开放之初，中国仍然有80%以上的人口生活在农村，因而中国的传统文化是典型的农业文化，农村是绝大多数中国人生活的地方。梁漱溟在分析中国传统文化时认为，中国是一个"职业分途""伦理本位"的社会，没有"阶级的分野"。中国文化以孔子为代表，以儒家学说为根本，以伦理为本位，只有以儒家思想为基本价值取向的文化，才是人类文化的理想归宿，认为"世界未来的文化就是中国文化复兴"。在中国农村，传统文化经历了2000多年的积累和沉淀，形成了鲜明的文化特色：经济上以农业为主、工商业为辅。传统中国社会的生存根基是农业，传统的中国社会有着浓厚的重农思想。在治国方略上，"重农抑商"是历朝历代不变的根本国策；在农村地区，广大的农民群众辛勤务实地进行着农业生产,用自己的智慧不断积累农业生产技术。在此基础之上,形成了中国文化重实际、轻幻想的思维特点,也形成了中国人安土重迁、乐天知命的生活态度,以及集辩证性和保守性于一体的自然哲学观。在经济方面,中国家庭一般是以家庭为主的小农经济,自给自足,以血缘继承分配家庭财产,这与许多欧美国家个人本位的经济有着明显的不同。需要指出的是,传统中国的农村经济并非完全封闭和自足,尽管一个典型的中国农民一生中活动的范围不过方圆 15 千米,但是星罗棋布的定期集市(交易市场)为中国农村地区的经济提供了一定的商品交换空间与场所,也使中国以农业为主的农村地区呈现出多元化的特点。"男耕女织"的家庭内部分工是促进农村地区农业和手工业发展的积极因素。在条件成熟的情况下,农村地区的商业活动蓬勃发展,长途货运乃至海外贸易都在此基础之上发展起来,这是中国文化兼容并包的经济基础。总体上来说,传统中国社会的工商业始终处于补充和依附的地位,未能获得完全独自发展的机会。虽然在某个时期的某些地方,民间的商业活动一度十分繁荣,但是最终仍被代表中国农业经济形态的封建官僚集团压制和压倒,乃至以一种地下或者非法的状态存在着(典型事例是明清时期的民间海外贸易)。

传统农村文化具有以下几个特点:一是保守性。传统农村文化在漫长的历史发展中逐渐形成文化传统。传统农村长期基于小农经济的发展模式,文化传承通过各种文化构成要素来完成族群内和代际之间的传递,包括器物传承、语言传承、行为传承等,但最有影响的是心理传承。因此,传统农村文化也是一种惰性的力量,带有封闭和保守的因素,它具有扼制人们思想、规范人们行动的本性,从而造成文化发展在原地踏步的局面。二是多层次性。传统农村文化可以分为物态文化、制度文化、行为文化和心态文化四个层次。物态文化是人类生存的物质必需产品和生产活动方式的总和,直接反映人与自然的关系,反映人类对自然界认识、把握、利用、改造的深入程度,反映社会生产力的发展水平;制度文化由各种社会行为规范构成，包括社会经济制度、婚姻制度、家族制度、政治法律制度，家族、民族、国家、宗教社团和艺术组织，经济、政治、教育、科技等；行为文化是由礼俗、民俗、风俗等形态表现出来的行为模式，具有鲜明的民族特色、地域风情。心态文化是文化的核心，可分为社会心理和社会意识形态，包含人类在社会实践活动中意识活动经过长时间的孕育而形成的价值观、审美观和思维等。三是地域性。我国之所以会产生那么多不同的地域文化，其中一个最重要的原因是自然环境的不同，在交通运输条件不发达的古代，文化的交融过程极为困难，不同的自然环境产生的文化差异会长期保存并形成特色。如我国少数民族地区因自然环境及条件的限制，各少数民族修建房屋的材料和形状各异，饮食习惯也会出现差异，经过长期的积淀就会形成不同风情、文化特色迥异的民俗文化。所以自然条件不同是导致文化地域性的一个非常重要的因素。四是传承性。今天的文化都是建立在对传统文化的传承基础上发展而来的，人类历史上20多种文明只有两种文明延续下来，曾经辉煌一时的古罗马文明、古波斯文明、古巴比伦文明和古埃及文明在历史的进程中消亡，有些文明甚至无法考证。在延续下来的两种文明中，希腊文明逐渐转化为工业文明，纵观世界文明，唯我中华文明延续至今，成为人类文明史上的一个奇迹。

二、乡村文化的发展阶段

　　新时代乡村文化的演变主要体现在活动空间的变化、经济增长方式的变化、农民收入结构的变化三个部分。随着现代化建设步伐的加快，每个国家或民族都力图在现代化与传统文化间找到一个平衡点，这个平衡点是优化民族传统文化的契合点，也是一个国家走向富强的必经之路，因为传统文化与现代化建设不冲突、不矛盾，两者是相互补充、共同发展的关系，而不是敌对关系。党对新时代乡村文化的传承和发展一直都非常重视。中华人民共和国成立以来，我国的新时代乡村文化的演变可以划分为四个阶段：

第一阶段是中华人民共和国成立以后到"文化大革命"之前，这一阶段新时代乡村文化建设的成效是有目共睹的，在这一阶段，新时代乡村文化建设为了配合农村经济发展的需要，以唤醒集体意识为主，开展了卓有成效的社会主义教育。具体可以分为以下几个时期：①土地改革时期。1950年6月，中共七届三中全会把完成土地改革列为确保我国财政经济状况根本好转的三项基本条件之一，并于6月30日颁布《中华人民共和国土地改革法》。随后开展了我国历史上规模最大、最彻底的农村土地改革运动，将7亿亩土地无偿分给全国3亿多农民。农民由土地的奴隶成为了土地的主人，参与社会主义建设的热情空前高涨，为社会主义文化融入农村文化奠定了坚实的基础。②农业合作化运动时期，这一时期从1951年9月到1957年10月。农业合作化运动经历了初级农业生产合作社到高级农业生产合作社的发展过程，从而完成了社会主义改造，实现了土地的公有化。③"大跃进"与人民公社化运动，这一时期从1957年开始延续到"文革"前夕。人民公社化运动基本上是与"大跃进"同时进行的。由于当时对"什么是社会主义，怎样建设社会主义"缺乏清晰的认识，盲目地凭借社会主义建设的热情，急于求成，忘记了当时社会生产力发展水平的限制，最终事与愿违，对生产力的发展造成了巨大的损害。这一时期我国新时代乡村文化演变主要以文化基础设施建设和对传统农村文化的改造为主。在文化基础设施方面，兴建和改造了许多乡村小学，设立了图书资料室，在乡镇设立了农技站、卫生院和供销社，在文化教育方面为乡村小学配备了相应的师资队伍，开展了夜校识字班和扫盲班、组织开展了形式多样的社会主义教育活动，在文艺电影方面制作了许多精美的舞台剧和电影在农村巡回演出和播放，农村也自发组织了形式多样的演出团队，通过一系列的教育活动，社会主义文化在农村落地生根，为新时代乡村文化的演变和发展奠定了坚实的物质基础和思想基础。

第二阶段是"文化大革命"时期，从 1966 年 5 月发动到 1976 年 10 月结束共历时 10 年。"文化大革命"的出发点是为了进一步维护党的纯洁性，但却严重地错误估计了当时党和国家的政治状况，最终造成了十年浩劫。"文化大革命"对农村经济社会造成了非常恶劣的影响，进一步破坏了当时的社会生产力的发展，对新时代乡村文化的破坏尤为严重，影响更为深远。这种破坏表现在以下几个方面：①阻断中华优秀文化的传承。"文化大革命"本意是破旧立新，通过革除一切资产阶级和封建阶级的旧文化来打造一种全新的社会主义文化。但是在实施的过程中犯了极左的错误，在文化传承中发挥重要作用的知识分子首先被打倒，甚至被残酷迫害。学校教育受到严重冲击，学生热衷于"革命"运动，对老师缺乏应有的尊重，对文化知识的学习缺乏应有的重视，知识传承在十年浩劫中出现严重断层现象。②破坏了人们的文化信仰。文化的教化作用需要建立在人们的信仰上，"文化大革命"则把这种信仰一扫而空，优秀传统文化中的道德行为规范、传统文化的传习场所、文化的信仰图腾、珍贵的文献资料都被一一破坏殆尽。③内斗盛行，道德滑坡。"文化大革命"以破立新，采用极"左"的手段来破旧，人们被裹挟着陷入"批斗、破四旧、抄家、焚烧书籍"的运动中，人们带着狂热的情绪在以秋风扫落叶般地打倒一切疑似的"阶级敌人"和"牛鬼蛇神"之后，又开始对身边一些犯过小错误的干部或社员进行批斗，一些人甚至打着革命的旗号对和自己有矛盾的干部和社员进行打击报复，今天在批斗别人明天就有可能被批斗，造成人人自危的局面。由此带来的是农民信仰缺失、道德严重滑坡、农村社会缺乏诚信意识，这一阶段总的来说，新时代乡村文化停滞发展甚至倒退。

第三阶段是中共十一届三中全会以来到中共十八大之前。十一届三中全会纠正了"文化大革命"的"左"倾错误，重新确立了马克思主义实事求是的思想路线，把党和国家工作重心转移到经济建设上来、实行改革开放的伟大决策。这一时期的改革开放战略对于我国农村社会经济的发展起到了重要的作用，对新农村建设赋予了新的内容和要求，促进了社会主义新时代乡村文化的发展。①重视农业发展，通过提高粮食的收购价格来打破"谷贱伤农"的传统，调动了农民的生产积极性。② 1981 年，家庭联产承包责任制的实行初步树立了农民商品生产意识，商业文化开始融入新时代乡村文化中。1983 年，带有政社一体性质的人民公社制度的废除进一步提高了农民生产的积极性和主动性，农民逐渐开始有了朦胧的产权意识，为新时代乡村文化的发展注入了新的内容。1985 年国务院出台了《关于进一步活跃农村经济的十项政策》，提出要分别实行合同订购和市场收购的制度，1987 年进一步提出要建立和完善农产品市场体系，推进农业产业市场化水平。与此同时，乡镇企业也得到了蓬勃发展，这些都是农村商品经济发展的标志。③ 1996 年 2 月，江泽民提出要"积极推动农业产业化"，强调"农业发展也要靠两个转变"——农业管理体制要向社会主义市场经济体制转变，农业增长方式要从以往的粗放型转变为集约型发展。农业产业化的推行有利于资源的有效配置，对土地流转、资金和人才向农村回流、信用文化的培育都起到了重要作用，新时代乡村文化开始融入商业诚信文化。这一期间开始出现的以农民外出务工为支柱的务工经济热潮，大量农民开始跳出传统农业，参与市场经济建设，充分感受到现代商业文明，这种商业文明伴随着农民工的返乡影响新时代乡村文化，在新时代乡村文化和商业文明的交融中会面临很多取与舍的问题。④ 2015 年 10 月，中共十六届五中全会提出将社会主义新农村建设作为我国现代化进程中的重大历史任务。新农村建设的提出和推进对于促进农村社会与经济发展、提高农业劳动生产力、进一步促进农业产业化发展都发挥了重要的作用，同时也为新时代乡村文化建设提出了明确的要求，即"乡风文明、村容整洁和管理民主"。

　　第四阶段是乡村振兴背景下的文化复兴阶段。

三、乡村振兴中的乡村文化及其作用

中共十八大以来以"中国梦"引领的文化复兴，对社会主义新时代乡村文化赋予了新时代意义。习近平总书记非常重视弘扬中华民族优秀传统文化，他在建党 95 周年大会上提出关于"四个自信"的重要论述，特别指出"文化自信是更基础、更广泛、更深厚的自信"，这是习总书记对中国特色社会主义文化构建的一个重要战略思路。2017 年 2 月，中共中央、国务院发布《关于实施中华优秀文化传承发展工程的意见》（以下简称《意见》），这是首次以中央文件形式来布置文化传承发展工作，体现了中共中央对文化建设的高度重视。《意见》肯定了中华优秀传统文化是中国特色社会主义植根的文化沃土和当代中国发展的突出优势，指出传承中华优秀传统文化的方针是要遵循习近平总书记提出的"创造性转化和创新性发展"。进一步明确了中华优秀传统文化的主要内容，包括：修齐治平、尊时守位、建功立业的核心思想理念，天下兴亡匹夫有责的担当意识，精忠报国振兴中华的爱国情怀，崇德向善见贤思齐的社会风尚，孝悌忠信礼义廉耻的荣辱观念，以及包含处事方法、教化思想、美学追求和生活理念的中华人文精神。中共十九大报告进一步提出了包含乡村振兴战略在内的新时代七大发展战略，并提出要推动文化事业和文化产业发展。新时代乡村文化必须要取之于传统文化，又高于传统文化，这样才能既传承优秀文化，又创新传统文化。只有当我国新时代农村文化植根于新时代中国特色社会主义建设的实践中去，才能发挥其应有的价值，也才能得到实现价值的目标。这一阶段进一步明确了新时代乡村文化建设的内容、要求、原则和制度保障，我国社会主义新时代乡村文化在新时代必将迎来跨越式的发展。

乡村振兴背景下的新时代乡村文化会对农民工创业产生积极的影响，具体体现为以下几个方面：一是农村文化中对美好生活的向往和追求有利于农民形成务实的财富观，激发农民创业意愿；二是农村文化虽然有固守传统、反对冒险的一面，但是又崇尚英雄主义，推崇衣锦还乡的荣耀，这是农民创新创业的主要动力之一；三是文化中的家国同构理论形成了强烈的责任意识，有利于农民创业者提高创业风险承受能力和防范能力；四是农村文化对农村结构治理和农村经济发展都呈现出熟人社会的特征，熟人社会易于降低农民创业者的交易成本，便于企业获得初创期的稳定发展。农村文化的封闭性又会对农民创业行为造成不利的影响：一是相对农民创业者来说，市场是与农村这个熟人市场相对对立的生人社会，在外部市场容易产生机会主义行为；二是农村文化提倡家族观念，农民普遍形成讲感情、爱面子的朴素价值观，容易导致市场交易信息扭曲，抬高了交易成本；三是亲情社会造成农民创业者的人际网络狭窄，创业团队的组建过于依托家族或血缘关系，这种团队的单一性和局限性容易导致农民创业者的市场网络信息单一，缺乏科学有效的市场研判，市场扩张困难。

第七章 耦合调节器：基层组织服务职能

一、培养创业意识和品质

受传统观念的影响，大部分农民工喜欢把在外打工所存下来的积蓄用于在家乡盖房、娶媳妇等，对资金的使用缺乏一定的规划和统筹安排，导致创业发展资金不足。当前，大学生村官在农村地区普遍存在，他们受过良好的教育，有较强的市场意识，具备一定的知识、情感等技能，也是地方政府与乡村基层组织联络的重要纽带。地方政府出台的返乡创业优惠政策，可以通过大学生村官对农民工进行宣讲，培育农民工的创业意识、提供基本的创业指导和规划。同时，基层政府还要鼓励大学生村官发挥长处，积极联系相关的科研院所的专家和技术人员，免费为返乡创业农民工提供技术支持和创业指导，培养返乡农民工创业所需的自信、自强、自主、自立的创业精神以及良好的创业心理品质。

二、创造更好的创业环境

为了鼓励返乡创业，地方政府不仅要出台相关的优惠政策，还要培育有利于农民工返乡创业的土壤。地方人事部门可以将"农村劳动力就业计划"与鼓励返乡创业结合起来，有针对性地做好农民工返乡创办企业的职工技能培训，提高培训质量，切实为农民工返乡创业提供条件。政府职能部门也要转变工作作风，努力提高为返乡创业的农民工的服务热情，执法机构要杜绝乱执法、乱收费行为，为农民工返乡创业者营造一个平等竞争的环境。在条件允许的情况下，地方政府要免费为农民工们提供政策咨询、项目策划、金融信贷等方面的指导，优先解决农民工回乡创业过程中的困难、问题，提供创业服务。

在调查中我们发现，由于消息闭塞，导致大多数有创业意愿的农民工并不清楚在当地是否有关于返乡创业的优惠政策，对创业动机产生制约。所以，要在政府与农民工、企业与农民工、农民工与农民工之间建立有效的沟通桥梁，以较为固定的形式（如通过大学生村官）及时宣传相关政策。同时，地方政府还应充分利用当地的广播、电视、报纸等新闻媒介，加大对相关政策和突出事例的宣传，激发创业、推动创业。

三、培育重点产业带动返乡创业

由于不同地区的实际情况不同，重点扶持的产业也不同，培育重点龙头企业让重点产业为农民工返乡创业提供平台和展现自我的渠道，具有重要的现实意义和指导意义。例如：湖南省芦溪县是中国著名的"椪柑之乡"，椪柑种植面积达 30 万亩，年产量 18 万吨；获得"国家农业部无公害生产基地证书"的兴隆场大坪村玻璃椒，种植面积达 5 万亩；列入了《国家级遗传资源保护名录》的"浦市铁骨猪"，年产值达 500 多万元；以野山茶果提炼而成的茶油品质优良。这些都是农民工返乡创业可以优先选择的优势项目。

四、拓宽创业融资渠道

涉农金融基层服务机构要加大对农民工返乡创业的信贷支持力度，为创业者建立相关的农民创业融资体系。一要制定适应农民工投资特点的贷款政策，全面推行联户担保、农户+公司担保、农户+农村经济合作社担保的借贷制度；二要成立农民工返乡创业专项基金会，在合法合理的原则下，广泛吸纳社会各界的爱心资金，为农民工分担一部分创业风险；三要放宽小额贷款条件，对一些具有专利或优势的项目优先给予贷款，为农民工自主创业提供资金保障。

第八章 新时代乡村文化与返乡创业意愿耦合共生实证分析

国内外学术界充分认可农民工返乡创业对农村经济社会发展的积极作用，并对创业动机、影响因素、创业行为等方面做了大量卓有成效的研究，在文化对创新创业行为的积极作用方面持肯定态度，但在研究的深度和广度上仍存在较大的研究空间：一是对新时代乡村文化的概念界定及其包含的维度的研究有待改进；二是在影响农民工返乡创业因素的设立上，相关文献仅考虑到其中的部分因素，缺乏系统性和整体性，把新时代乡村文化作为一个整体来研究，对农民工返乡创业意愿的影响尚未有系统深入的研究；三是在样本的选取上，相关研究较多采取相对集中地域的样本来分析，对样本分布空间的地域特色及文化影响的干扰考虑较少，导致部分结论的失真进而影响研究结果的政策指导意义。

一、研究假设

项目对返乡农民工创业的概念界定为：户籍在农村，长期外出务工充当劳动力，并具有一定工作经验的农村人口，回到家乡（县级及以下基层）进行投资创业的行为。本书的实证数据来自课题组 2012 年开始进行的新时代乡村文化建设与农民工返乡创业意向调研，调研历时 4 年，涉及广东、湖南、宁夏、内蒙古、湖北、云南、天津、甘肃、贵州、吉林、河北、陕西、广西、上海、重庆、安徽 16 个省（市、自治区）。根据研究问题的需要，构建了新时代乡村文化评价指标体系，用 Logistic 模型实证分析新时代乡村文化中农民工返乡创业的影响因素，以期对完善我国扶持农民工返乡创业体系提供有益的参考建议。

（一）因变量的构建

为了建立有效的二元 Logistic 回归模型，选取农民工的创业意愿作为本书研究的被解释变量。并根据农民工是否有返乡创业的意愿设定两个选项，分别为：①没有创业意愿；②有创业意愿。分别赋值为 0 和 1。

（二）自变量的选择

关于农民工返乡创业的影响因素，目前有学者归类为个体特征、家庭特征、社会资本的影响及政策支持力度的影响四个方面。我们通过查阅文献和实地调研后认为在新时代乡村文化视角下可以进一步优化为五个维度：农村的亲情文化、信息文化、学习文化、政策文化及就业文化，各维度下的变量和测量方法如下：亲情文化选择主要联系方式（X1）为变量，主要考量在不同的通信条件下乡情和亲情的维系途径及其对美丽乡愁这种传统乡情观念的影响，以及这种亲情牵挂对农民工返乡创业意愿的影响；信息文化选择受访者的学历（X2）、信息来源渠道（X3）、网络使用情况（X4）三个方面的变量，主要考量信息获取能力对促进农民工返乡创业意愿的影响；学习文化选择图书室使用情况（X5）、农技站普及度（X6）、技术培训推广度（X7）和创业培训推广度（X8）四个方面的变量，主要用来考量自身的学习态度和学习能力对农民工返乡创业意愿的影响；政策文化选用金融支持力度（X9）、创业政策的普及（X10）、所在县城是否有创业园区（X11）三个变量，主要用来衡量地方政府创业扶持政策特别是金融支持力度对农民工返乡创业意愿的影响；就业文化选取外出务工经历（X12）变量来测度农民就业观和务工时长对农民工返乡创业意愿的影响。以上变量均采用李克特5级量表来进行测量，并进行赋值和统计。

（三）研究假设

中国是一个有着五千年历史的国度，中国乡村文化对农民的影响是深刻的。有史学家证实，如若一个地区耕读文化广为流行，那么这一地区往往出人才，古语道"寒门多出贵子"。最典型的案例是耕读文化流行的浙江永嘉，是享誉一方的知名进士之乡，从唐代到清代共出进士711名，一时间创造了"一门三代五进士"的佳绩。我国改革开放后，永嘉也没落后于其他地方，又成为了远近闻名的"博士之乡"。如若一个地区的从商文化盛行，那么它的商业便会随之发达，如历史中的晋商、徽商，现如今的浙商、温商、邵商、潮商等都曾引领商海时代的潮流，只要有上述经销商出现，就必然会涌现出繁华一片的景象。相反，文化能够促进社会进步，但文化缺失就必然会带来野蛮、落后的外衣。根据上述推理提出如下假定：新时代乡村文化建设对农民工返乡创业是正向影响，新时代乡村文化的五个维度分别对农民工返乡创业意愿有正向激励作用。根据国内外文献分析，绝大多数学者认为，新时代乡村文化基础设施建设对农民工返乡创业意愿的形成具有重要影响，目前新时代乡村文化基础设施建设主要包含通信设施建设、网络设施建设、信息来源渠道及图书馆使用情况，以上因子均可能促进农民工返乡对农村社会经济发展产生推动作用。基于对全国16省（市、自治区）农民工返乡创业意向专项调查数据分析，本书认为农村亲情文化将会调动农民工返乡的热情，能为农民工返乡创业提供较好的条件，本书提出研究假设1：

H1：农村亲情文化促进农民工返乡创业意向的形成，具有正向的相关影响。

创业不同于一般的就业活动，从广义上来说，它是一个创业机会的识别过程，其中包含机会的搜寻、识别和评价过程，强调创业者对创业机会或商业信息的获取、识别与运用能力。据此，本书提出研究假设2：

H2：农村信息文化促进农民工返乡创业意向的形成，具有正向的相关影响。

创业者的基本素质包含心理素质、身体素质、知识素质和能力素质，其中绝大部分都可以通过学习获得或者是加强，可见学习能力对于创业的重要性。据此，本书提出研究假设3：

H3：农村学习文化有助于促进农民工返乡创业意愿的形成，具有正向的相关影响。

农村政策文化既包含农民对政府政策的信任与接受度，也涵盖基层政府及金融机构对农业、农村和农民的支持程度。农村政策文化对农民工返乡创业意愿具有引导作用，有助于规范农民工返乡创业行为，为农民工返乡创业的有序及可持续打下良好基础。据此，本书提出研究假设4：

H4：农村政策文化有助于促进农民工返乡创业意愿的形成，具有正向的相关影响。

农村就业文化将影响农民工务工经历，其中包含务工时的职业选择、地点选择及务工时长，农民工自身务工经历将决定其是否能够掌握一定的专业技能、了解一定的创业信息、积累一定的创业资金，增加返乡创业的成功率。因此，本书提出研究假设5：

H5：农村就业文化的差异影响农民工返乡创业意向的形成，具有正向的相关影响。

二、数据来源

本书实证分析的数据来源于课题组实地调研，为了尽可能保证数据来源的科学性、真实性与可靠性，项目组成员自 2012 年开始采取了入户问卷调查和访谈的形式进行调研，为了获取大的样本，调研前后历时 4 年，确保了数据来源的科学性、可靠性、真实性。为了避免单一集中地调研可能产生的失真等缺陷，调查采用的方法为随机抽样，抽样地区的选择以各省市中等发展水平县、区为主，选取具体地点根据与县城的距离适当选择城郊乡镇、偏远乡镇、中心城区进行。调查的人群主要为当地 16~59 岁年龄段人群，实际抽样调查中还包括部分外来务工人群。共收回 1048 份问卷，经过数据清理后共获得 944 份有效研究样本，有效率为 90.1%。这里需要说明的是，由于农民工的自我流动性，以及农民工这一特殊群体差异性大，以及受教育程度的差异大，在实际调查中，可能对问卷的理解和填写存在误差，但我们在实际操作中都进行了充分的讲解与沟通，保证数据的质量。同时我们的调查跨度历时 4 年，样本容量较大也能弥补部分不足的地方。由于是微观调查数据，我们很难做面板数据，同时也无法做跟踪调查，这是今后研究的方向。

表 8-1 是农民工返乡创业意愿的描述性统计结果，944 份调查样本中有 643 人有创业意愿，占比为 68%，表明大部分农民工愿意返乡创业，尽管更多停留在设想阶段。

表 8-1　因变量的描述性统计结果

选项	无创业意愿	有创业意愿	合计
赋值	0	1	
样本数	301	643	944

表 8-2 是自变量选择与描述性统计结果。从各指标的均值来看，X1 的均值为 2.8834，表明农村通信基础设施较发达，手机的使用率很高，亲人朋友间的联系便捷，从社会学视角来看，平均值较大从侧面说明社会联系越来越频繁；X2 均值为 2.7511，说明大部分农民工都具有初中及以上文化。X4 均值达到 3.6197，说明网络覆盖率较高，使用频率也较高，基本都能通过手机或者电脑上网，浏览网络相关内容。X3 指标的均值为 2.9640，小于网络设施均值，经济学含义是绝大多数的农民工信息来源渠道不广，农民工获取相关信息来源单一，自身不善于利用已有信息渠道和工具获取创业相关信息；X5 均值为 2.5593，说明农村学习氛围不浓，农民工自我学习的积极性不高，个体的学习能力不强。X6 均值为 2.6886，表明农技站在农村的普及程度比较高，基本能覆盖到乡镇一级。X7 指标的均值只有 1.3602，说明农村进行技能培训的力度不够，新型职业农民培训等相关技能培训需要地方政府加以高度重视。X8 均值为 1.3612，说明目前绝大多数的农民工都没有经过系统的创业培训，农民工对返乡创业流程了解不够，对创业风险的防范意识不强，影响了农民工返乡创业意愿向创业行为的转化率；X9 均值为 2.6525，这说明大部分农民工对惠农金融支持政策的了解停留在"不知道有没有"与"听说过但不清楚"，即在不知道或不清楚的区间徘徊，反映了农村惠农金融政策还是存在宣讲不到位，农民工理解不透彻等问题。X10 均值为 2.7574，且标准差较大，说明国家对鼓励农民工返乡创业的政策宣传力度还是比较大的，但区域间的差异比较大，政策入户工作还有待进一步加强。X11 均值为 1.7627，说明在我们调研阶段县城承接农民工返乡创业的专业园区还比较少；X12 指标均值为 2.1409，说明农民工务工经历集中在 6 年以上，大部分农民工都具有中、长期的务工经历。如图 8-1 所示，可以看出，我们的调查样本符合正态分布。调查样本符合农民工返乡创业研究需要，同时标准差比较小，说明样本的离散程度小，可信度高。

表8-2 主要自变量的选择和描述性统计

变量名		定义及赋值	均值	标准差
亲情文化	主要联系方式（X1）	信件为主赋值1，固定电话赋值2，手机赋值3，手机、固定电话和信件都选赋值4，手机和固定电话赋值5	2.8834	0.7065
信息文化	受访者的学历（X2）	按5个选项：小学、初中、高中、大专、本科及以上等分别赋值1~5分	2.7511	1.1827
	信息来源渠道（X3）	按5个选项：自己调查、朋友推荐、政府、报纸杂志、网络等分别赋值1~5分	2.9640	1.4478
	网络使用情况（X4）	按5个选项：很少上网、网吧上网、公司上网、家里宽带、手机上网等分别赋值1~5分，多选项按最高分赋值，下同	3.6197	1.5461
学习文化	图书室使用情况（X5）	按5个选项：从没去过、一年一次、一季度一次、一月一次、一周一次等分别赋值1~5分	2.5593	1.5199
	农技站普及度（X6）	按3个选项：只有县里有、县乡都有、县乡村都有分别赋值1~3分	2.6886	0.7594
	技术培训推广度（X7）	按参加过政府组织的技术培训情况分3个选项：没有、参加过一次、参加过两次及以上等分别赋值1~3分	1.3602	0.6154
	创业培训推广度（X8）	按参加过政府组织的创业培训情况分3个选项：没有、参加过一次、参加过两次及以上等分别赋值1~3分	1.3612	0.5982
政策文化	金融支持力度（X9）	按5个选项：没有政策、不知道有没有、听说过但不清楚、知道但没有什么用、如果创业准备申请等分别赋值1~5分	2.6525	1.0805
	创业政策的普及（X10）	按5个选项：没有政策、不知道有没有、听说过但不清楚、知道但没有什么用、有些政策有作用等分别赋值1~5分	2.7574	1.1328
	所在县城是否有创业园区（X11）	按3个选项：没有、听说正在筹备、有创业园区3个选项分别赋值1~3分	1.7627	0.8775
就业文化	外出务工经历（X12）	按5个选项：不到3年、3~6年、7~10年、11~15年、16年及以上等分别赋值1~5分	2.1409	1.1799

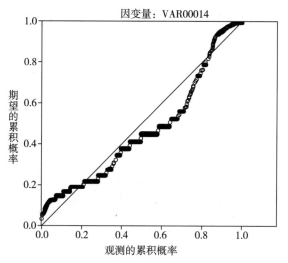

图 8-1　回归标准化残差的标准 P-P 图

三、统计分析

（一）　模型构建

本书研究的是农民工是否愿意返乡创业，因变量不是一个连续变量，而是虚拟变量。问题是一个二元选择问题，赋值只有"是"和"否"之分。基于此，本书构建二元 Logistic 回归模型进行实证。在模型中，假设有 n 个观测样本，随机因变量取值为 0 或者 1（0 表示不愿意返乡创业；1 表示愿意返乡创业），Logistic 概率函数的形式为：

$$P = \frac{\exp(Z)}{1 + \exp(Z)} \tag{8-1}$$

$$Z = b_0 + b_1 X_1 + b_2 X_2 + \cdots + b_n X_n + \varepsilon_i \tag{8-2}$$

在式（8-1）、式（8-2）中，P 为农民工愿意返乡创业的概率；Z 为变量 X_i（i=1，2，…，n）的线性组合；X_i 为影响农民工返乡创业意愿的因素；b_0 为常数项，与 X_i 无关；b_i（i=1，2，…，n）为回归系数，表示因素 X_i 对 P 的贡献量；ε_i 为误差。具体变量及赋值见表 8-2。

（二）模型求解及结论分析

我们采用 SPSS19 统计软件，将因变量进行二元 Logistic 回归分析，模型拟合优度的各项参考指标中：-2LL 值为 1091.340，Cox & Snell R^2 值为 0.091，Nagelkerke R^2 值为 0.128，表明模型整体参数估计较好，结果见表 8-3。

表 8-3 农民工返乡创业意愿的 Logistic 模型回归结果

	解释变量	β 值	Wald 值	P 值	Exp（β）
亲情文化	主要联系方式（X1）	-0.179 *	2.683	0.101	0.836
信息文化	受访者的学历（X2）	0.376 ***	27.334	0.000	1.457
	信息来源渠道（X3）	0.109 **	3.891	0.049	1.115
	网络使用（X4）	0.049	0.988	0.32	1.05
学习文化	图书室使用情况（X5）	0.053	0.901	0.342	1.054
	农技站普及度（X6）	-0.319 ***	10.463	0.001	0.727
	技术培训推广度（X7）	0.408 ***	7.842	0.005	1.504
	创业培训推广度（X8）	0.005	0.001	0.971	1.005
政策文化	金融支持力度（X9）	0.228 ***	8.940	0.003	1.256
	创业政策的普及（X10）	-0.036	0.252	0.616	0.965
	所在县城是否有创业园区（X11）	-0.060	0.489	0.484	0.942
就业文化	外出务工经历（X12）	-0.022	0.111	0.739	0.978
	常量	-0.358	0.350	0.554	0.699
	-2LL	1091.340			
	Cox & Snell R^2	0.091			
	Nagelkerke R^2	0.128			

注：* 表示在 10% 显著性水平下显著；** 表示在 5% 显著性水平下显著；*** 表示在 1% 显著性水平下显著。

亲情文化对农民工返乡创业意愿的影响。通过回归分析结果可以知道，亲情文化中的主要联系方式与农民返乡创业意愿呈负相关关系，β值为−0.179，P值在10%显著性水平下显著，说明通信设施每提高0.179个百分点，将导致农民工返乡创业减少1个百分点的占比，反之亦然。一般而言，通信设施越发达，那么就必然会增强人们的信息交流的频度与效率。但事实相反，在提高农民工返乡创业意愿上，通信设施越发达，信息交流越频繁，反而导致农民工创业的愿望减弱了。本书认为这是市场经济发展特别是城镇化过程中的必然趋势，城镇化导致人们的信息交流加快，人们已经依赖于固有的城市生活方式和务工方式，通信基础设施越健全则信息越对称，农民工对于返乡创业风险感知度越高，基于对风险防范的本能，农民返乡创业意愿会随之降低。

信息文化对农民工返乡创业意愿的影响分析。信息来源渠道与农民工返乡创业意愿呈正相关关系，P值为0.049，在5%水平下显著，信息来源渠道每增加0.109个百分点，那么相应的农民工返乡创业意愿就增加1个百分点的占比。其隐含的经济学意义是农民工对可靠的创业信息较为关注，农民工如果有可靠的创业信息来源，返乡创业的意愿就越强烈；受调查者的学历与农民工返乡创业意愿呈正相关关系，P值为0.000，说明变量非常显著，在置信水平1%水平下显著，β值为0.376，文化基础每增加0.376个百分点，那么相应的农民工返乡创业意愿就增加1个百分点的占比，它的经济学解释为，农民工如果所接受的教育越多，那么他的文化基础就越强，文化基础会拓宽农民工创业信息渠道，增强对创业信息的识别度，进而强化了农民工返乡创业的意愿；网络设施与农民返乡创业意愿呈正相关关系，但P值不显著，从侧面可以说明近些年我国网络设施建设速度很快，普及率非常高。尽管网络设施建设增加了信息共享，为用户提供了海量大数据的选择，但网络的高普及率使其对促进农民工返乡创业意愿的贡献并不显著。

学习文化对农民工返乡创业意愿的影响。回归分析结果表明，图书室使用情况与农民工返乡创业意愿呈正相关关系，在数字特征上，图书室的使用情况每增加 0.053 个百分点，那么相应的农民工返乡创业就增加 1 个百分点的占比，但 P 值不显著，说明调查对象普遍对图书馆的使用率不高，样本缺乏参考性，这与该项问题的描述性统计量仅为 2.5593，调查中的大部分农民工对图书馆的使用情况介于一年一次到一季度一次的极低水平相符；农技站普及度与农民工返乡创业意愿呈负相关关系，P 值为 0.001，说明变量非常显著，在置信区间 1% 水平下显著，农技站的普及度每增加（或减少）0.319 个百分点，那么相应的农民工返乡创业就减少（或增加）1 个百分点的占比。它的经济学解释为，农民工愿意创业的行业不是单纯的农业，而是农业的相关产业，这样的产业与农业有关，但又与一般农业生产规律不完全一致，即返乡创业不局限于农业。同时农技站的主要职能是直接面向农民，由专人负责一个地方推广新产品、新技术，指导农民生产，为增加农民收入、发展农业生产、振兴农村经济服务的，而农技站的普及度越高，那么农业就会同质化严重，达不到差异化的经济效益，这必然导致农民工返乡创业的意愿较减弱，这与实际是相符的；技术培训推广度与农民工返乡创业意愿呈正相关关系，P 值为 0.005，说明变量非常显著，在 1% 置信水平下显著，即个体技能每增加 0.408 个百分点，那么相应的农民工返乡创业就增加 1 个百分点的占比，它的经济学解释为，农民工如果自己拥有某种技能并确信这项技能能够为自己创造经济价值，则会显著增强农民工返乡创业的意愿和自信心；创业培训推广度与农民工返乡创业意愿呈正相关关系，P 值为 0.971，说明变量不显著，而创业培训推广度的 β 值为 0.005，在数值上对被解释变量的影响较小。它的经济学解释为，农民工对创业培训的理解存在偏差，很多农民工的文化素质不是很高，通过调查发现，很多农民工对创业培训有抵触情绪，不愿意花费太多时间去接受复杂的培训，基于此，农民工对创业培训的推广不会直接影响农民工的返乡创业意愿，在统计学上应该予以剔除。

政策文化对农民工返乡创业意愿的影响。回归分析结果表明，金融支持力度与农民工返乡创业意愿呈正相关关系，P值为0.003，说明变量非常显著，在1%置信水平下显著，β值为0.228，金融支持的力度每增加0.228个百分点，那么相应的农民工返乡创业意愿就增加1个百分点的占比，它的经济学解释为，农民工如果得到金融机构的资金支持，那么就会解决创业初期缺乏资金的困境，而资金支持又是创业的核心。如果资金足够，那么农民工返乡创业的意愿就越强；创业政策的普及与农民工返乡创业意愿呈负相关关系，P值为0.616，说明变量不显著，而创业培训的推广度的β值为-0.036，创业政策的普及每增加0.036个百分点，那么相应的农民工返乡创业意愿就减少1个百分点的占比，但变量不显著，在统计学上应该予以剔除；所在县城是否有创业园区与农民工返乡创业意愿呈负相关关系，P值为0.484，说明变量不显著，而创业培训的推广度的β值为-0.060，所在县城是否有创业园区每增加0.060个百分点，那么相应的农民工返乡创业就减少1个百分点的占比，但变量不显著，在统计学上应该予以剔除。

就业文化对农民工返乡创业意愿的影响。农民工的务工经历与农民工返乡创业意愿呈负相关关系，P值为0.739，说明变量不显著，在统计学意义上应该予以剔除。

（三）模型检验

通过对二元Logistic模型检验和最终回归结果，进行Hosmer和Lemeshow检验，结果如表8-4所示，由结果可以知道$P_{max} = 0.596 > 0.05$，$P_{min} = 0.139 > 0.05$，接受零假设，认为该模型能很好拟合数据。

表8-4 Hosmer和Lemeshow检验

步骤	卡方	df	P
1	11.539	8	0.173
2	10.41	8	0.237

步骤	卡方	df	P
3	12.291	8	0.139
4	7.076	8	0.528
5	6.459	8	0.596
6	11.261	8	0.187
7	8.244	8	0.41

(四) 模型最终结果

经过二元 Logistic 模型检验和最终回归结果。经过向后七步回归停止后，剔除六个不相关变量，依次剔除掉的变量为：网络使用情况 X4，图书室使用情况 X5，创业培训推广度 X8，创业政策的普及 X10，所在县城是否有创业园区 X11，务工经历 X12。余下六个变量，最终模型为：

$$LogitP = -0.358 - 0.179X1 + 0.376X2 + 0.109X3 - 0.319X6 +$$
$$0.408X7 + 0.228X9$$

通过上述回归分析可以得到以下结论：

第一，亲情文化对农民工返乡创业意愿激励作用为负值。结果表明，发达的通信技术缩短了时空距离，冲淡了农民工返乡创业意愿，随着通信技术的成熟与发展，人们的联络方式主要以网络为主，网络的便捷使得人与人的交流更加方便，信息交换越来越频繁，突破了时空的限制。然而从某种程度上又减缓了农民工对家乡和故土的眷恋，减小了农村文化对农民工返乡的吸引力。这点与农村目前普遍存在的现象（即农村空巢现象、候鸟现象等）非常吻合。

第二，农村信息文化促进农民工返乡创业意向的形成，具有正向的相关影响。其中，受调查者的学历和信息来源渠道对农民工返乡创业意愿有显著的正向激励作用，而网络使用情况相对已经非常普及，对创业意愿的影响缺乏显著性。表明随着社会经济的发展和产业升级，农业创业项目进入的知识门槛越来越高，创业者不但要面对技术问题，还要越来越多地依赖营销技巧、市场预测能力、获取信息途径和识别机会的能力，文化基础在一定程度上决定了创业者的学习能力，学习能力在农民工返乡创业中的作用越来越大。

第三，学习文化对农民返乡创业意愿有显著的影响，整体为正向激励作用。其中农村技术培训的推广度对返乡创业意愿的正向激励非常显著，说明农民工返乡创业是一种理性行为，技术基础和创业能力是决定农民工返乡创业意愿的主要因素，实践证明，这也是创业成功与否的关键因素。而农技站普及度则增加了农民工返乡创业机会的识别难度，影响农民工返乡创业意愿和创业热情。但创业培训推广度和普及率不高，因而对农民工返乡创业意愿的影响暂不显著。

第四，实证结果表明，政策文化对于农民工返乡创业意愿的影响为正向激励。其中金融支持力度对农民工返乡创业意愿的正向激励作用最显著。还乡农民工在创业初期，往往对启动资金的需求特别强烈，创业资金的来源在很大程度上决定了农民工返乡创业意愿的强弱。在实际调研中，有76%的受访者谈到没有创业的主要原因之一是缺乏启动资金，这与我们的实证结果很吻合。而创业政策的普及和所在县城是否有创业园区对创业意愿的影响并不显著。这与我们的预想和现实情况不符，我们结合访谈情况综合分析其原因，更可能的原因是农民工返乡创业意愿来源于内生动力和叶落归根、衣锦还乡的心理锚定，同时也与农村基层对于国家创业政策的宣传和推广力度不大、农民工了解和掌握的信息不充分有关。

第五，就业文化对农民工返乡创业意愿的影响不显著。进一步分析调查数据后发现，86%的受访者的务工年限在10年以内，这一区间内有创业意愿的人数占全部样本有创业意愿人数的88%。说明务工时长对于农民工返乡创业意愿的影响是一条倒"U"型曲线，最佳的务工时长在10年以内。超过10年的务工经历，农民工就会逐渐融入城市生活，缺乏返乡创业的动力。

第九章　新时代乡村文化与返乡创业行为耦合共生实证分析

影响农民工返乡创业的因素很多、很庞杂，其中很多因素可以归结为文化的范畴。正向的、积极的文化会通过心理锚定效应强化农民工的创业动机和行为，合理利用新时代乡村文化的锚定效应，给予创业者一定程度的积极的心理暗示，有利于农民工返乡创业从意愿到行为的转化。通过对现有研究成果的梳理，我们发现目前的研究更多的是把文化作为农民工返乡创业的因素之一来进行研究，对影响农民工返乡创业的文化因素的内涵限定在文化习俗单一范围内，影响了研究的深度和广度。根据庞朴关于文化的定义并借鉴 GLOBE 研究关于文化维度的划分，我们将新时代乡村文化分解为学习文化、政策文化、信息文化、亲情文化和就业文化五个维度，基于湖南等 16 个省（市、自治区）944 份有效调查数据进行统计分析，试图探讨影响农民工返乡创业行为的文化因素及其影响机制。

本书把农民工返乡创业界定为户口在农村并在外有过工作经历的劳动力，回到家乡县级及以下基层进行投资创业的行为。实证数据来自实地调研数据，自 2012 年开始对新时代乡村文化建设与农民工返乡创业意向进行专项调研，历时 4 年，涉及甘肃、湖北、吉林、广东、贵州、陕西、宁夏、内蒙古、河北、广西、安徽、云南、上海、湖南、重庆、天津 16 个省（市、自治区）。采用的方法为随机抽样，抽样地区的选择以各省市中等发展水平县、区为主，选取具体地点根据与县城的距离适当选择城郊乡镇、偏远乡镇、中心城区进行。调查的人群主要为当地 16~59 岁年龄段，实际抽样调查中还包括部分外来务工人群。在实际调查中主要采取当面问卷调查的方式，共收回 1048 份问卷，经过对原始问卷进行整理后筛选出 944 份有效样本。

一、指标选取

关于农民工返乡创业的影响因素，目前有学者归类为个体特征、家庭特征、社会资本的影响及政策支出力度的影响四个方面。站在新时代乡村文化的视角，通过查阅文献和实地调研后，本书认为，可以将影响农民工返乡创业的新时代乡村文化分为五个维度：亲情文化、信息文化、学习文化、政策文化和就业文化，我们根据每个维度分别选取一些指标进行调查，并进行赋值和统计。为了验证我们的假设，我们参考了学者对创业影响因素的研究成果，结合新时代乡村文化的视角，选取了 12 个指标，见表 9-1，拟通过主成分分析法构建新时代乡村文化指标体系，以此来评价对农民工返乡创业行为的影响。

表 9-1 指标描述性统计结果

变量名		定义及赋值	均值	标准差
亲情文化	主要联系方式（X1）	信件为主赋值 1，固定电话赋值 2，手机赋值 3，手机和固定电话赋值 4，固定电话和信件赋值 2，手机、固定电话和信件都选赋值 3.5	2.8332	0.57885

续表

变量名		定义及赋值	均值	标准差
信息文化	受访者的学历（X2）	按5个选项：小学、初中、高中、大专、本科及以上等分别赋值1~5分	2.7511	1.1833
	信息来源渠道（X3）	按5个选项：自己调查、朋友推荐、政府、报纸杂志、网络等分别赋值1~5分	2.9640	1.4486
	网络使用（X4）	按5个选项：很少上网、网吧上网、公司上网、家里宽带、手机上网等分别赋值1~5分，多选项按最高分赋值，下同	3.6197	1.5469
学习文化	图书室使用情况（X5）	按5个选项：从没去过、一年一次、一季度一次、一月一次、一周一次等分别赋值1~5分	2.5593	1.5207
	农技站普及度（X6）	按3个选项：只有县里有、县乡都有、县乡村都有分别赋值1~3分	2.6886	0.7598
	技术培训推广度（X7）	按参加过政府组织的技术培训情况分3个选项：没有、参加过一次、参加过两次及以上等分别赋值1~3分	1.3602	0.6158
	创业培训推广度（X8）	按参加过政府组织的创业培训情况分3个选项：没有、参加过一次、参加过两次及以上等分别赋值1~3分	1.3612	0.5985
政策文化	金融支持力度（X9）	按5个选项：没有政策、不知道有没有、听说过但不清楚、知道但没有什么用、如果创业准备申请等分别赋值1~5分	2.6525	1.0810
	创业政策的普及（X10）	按5个选项：没有政策、不知道有没有、听说过但不清楚、知道但没有什么用、有些政策有作用等分别赋值1~5分	2.7574	1.1334
	所在县城是否有创业园区（X11）	按3个选项：没有、听说正在筹备、有创业园区3个选项分别赋值1~3分	1.7627	0.8779
就业文化	受调查者的务工经历（X12）	按5个选项：不到3年、3~6年、7~10年、11~15年、16年及以上等分别赋值1~5分	2.1409	1.1806

二、主成分适用性检验

首先对原始数据进行标准化处理，得到一个标准化的数据，然后对其指标和数据进行相关性检验，来科学分析这些数据特征是否适用于主成分分析。同时检验 KMO（Kaiser-Meyer-Olkin）取样适当性度量与 Bartlett 球形度，得到统计值如表 9-2 所示。

表 9-2 KMO 和 Bartlett 的检验

取样足够度的 Kaiser-Meyer-Olkin 度量		0.555
Bartlett 的球形度检验	近似卡方	212.024
	df	66
	P	0.000

从表 9-2 可以看出，KMO 检验值为 0.555，大于 0.5，表明指标之间有较多的共同因素。Bartlett 球形检验的近似卡方分布值为 212.024，自由度为 66，显著性小于 0.000，表明调查数据适合使用主成分进行分析。

三、统计结果分析

运用统计软件 SPSS19 对统计数据进行主成分分析，共筛选出 5 个主成分，旋转平方和载入的累积方差为 61.645%，证明表中数据能够很好地解释自变量（见表 9-3）。表 9-4 是旋转成分矩阵，我们在每个主成分下将数值大于 0.5 的选出来，主成分 1 是农村学习文化，主要影响因素是 X8、X7、X6、X5；主成分 2 为农村的政策文化，主要影响因素是 X9、X10；主成分 3 为信息文化，主要影响因素是 X3、X4、X2；主成分 4 为农村亲情文化，主要影响因素是 X1；主成分 5 为就业文化，主要影响因素是 X12。

表 9-3　提取主因子解释的总方差

成分	初始特征值			提取平方和载入			旋转平方和载入		
	合计	方差占比	累积占比	合计	方差占比	累积占比	合计	方差占比	累积占比
1	2.109	17.578	17.578	2.109	17.578	17.578	1.891	15.757	15.757
2	1.677	13.971	31.549	1.677	13.971	31.549	1.637	13.644	29.401
3	1.348	11.237	42.786	1.348	11.237	42.786	1.563	13.022	42.424
4	1.179	9.827	52.614	1.179	9.827	52.614	1.190	9.916	52.340
5	1.084	9.031	61.645	1.084	9.031	61.645	1.117	9.305	61.645
6	0.924	7.699	69.344						
7	0.802	6.687	76.030						
8	0.733	6.109	82.139						
9	0.672	5.597	87.736						
10	0.590	4.917	92.652						
11	0.446	3.717	96.369						
12	0.436	3.631	100.000						

注：提取方法为主成分分析法。

表 9-4　旋转成分矩阵

	成分				
	1	2	3	4	5
主要联系方式（X1）	-0.247	0.005	0.099	0.795※	-0.121
受访者的学历（X2）	-0.068	0.298	0.636※	-0.296	-0.307
信息来源渠道（X3）	0.003	-0.046	0.691※	0.018	0.174

续表

	成分				
	1	2	3	4	5
网络使用（X4）	0.218	-0.176	0.649※	0.252	-0.062
图书室使用情况（X5）	0.532※	0.050	0.331	-0.236	0.090
农技站普及度（X6）	0.572※	-0.001	0.255	-0.212	0.116
技术培训推广度（X7）	0.666※	0.360	-0.173	0.028	-0.258
创业培训推广度（X8）	0.765※	-0.146	-0.045	0.134	-0.002
金融支持力度（X9）	-0.129	0.797※	-0.142	-0.092	-0.052
创业政策的普及（X10）	0.146	0.769※	0.129	0.203	0.130
所在县城是否有创业园区（X11）	0.318	0.360	-0.070	0.481	0.105
受调查者的务工经历（X12）	0.004	0.073	0.028	-0.071	0.925※

注：提取方法为主成分分析法。旋转法为标准化的 Kaiser 正交旋转法。

通过主成分分析，验证了新时代乡村文化的五个维度：学习文化、政策文化、信息文化、亲情文化和就业文化都对农民工返乡创业行为有影响，其中学习文化和政策文化的特征值分别为 2.109 和 1.677，远大于其他几个维度的特征值，表明两者对农民工返乡创业行为的影响最大，见表 9-5。

表 9-5　影响农民工返乡创业的新时代乡村文化指标体系

新时代乡村文化的维度	农村学习文化	农村政策文化	农村信息文化	农村亲情文化	就业文化
所包含的指标	创业培训推广度（X8）技术培训推广度（X7）农技站普及度（X6）图书室使用情况（X5）	金融支持的力度（X9）创业政策的普及（X10）	信息来源渠道（X3）网络使用情况（X4）受调查者的学历（X2）	主要联系方式（X1）	受调查者的务工经历（X12）
特征值	2.109	1.677	1.348	1.179	1.084

农村学习文化对创业的影响。农村学习文化的主要影响因素是创业培训推广度（X8）、技术培训推广度（X7）、农技站普及度（X6）、图书室使用情况（X5），表明针对农民工的创业教育、技术培训与指导、新知识的传播与农民工的学习态度对农民工返乡创业行为影响显著，这也与农民工返乡创业多从事种植、养殖及其他农业关联度较高的创业项目有关。从描述性统计结果来看，调查对象接受创业培训和技术培训的得分均值分别为 1.3612 和 1.3602（见表 9-1，按参加过培训情况分 3 个选项：没有、参加过一次、参加过两次及以上等分别赋值 1~3 分），表明多数调查对象没有参加过一次创业培训或者技术培训，可见针对农民工开展创业培训和技术培训还有很长的路要走。

农村政策文化对创业的影响。农村政策文化的主要影响因素是金融支持力度（X9）、创业政策的普及（X10），其旋转成分矩阵值分别为 0.797 和 0.769（见表 9-4），结果表明，农民工返乡创业亟须获得金融和创业政策支持。但从调查数据的描述性统计结果来看，两者的均值分别为 2.7574 和 2.6525（见表 9-1），说明农民工在返乡创业过程中得到的金融支持和获得的创业优惠政策很少，反映了政策文化的普及程度不够。

农村信息文化对创业的影响。农村信息文化的主要影响因素是信息来源渠道（X3）、网络使用（X4）、受访者的学历（X2），这几个因素基本表明了农民工获取创业相关信息的能力、途径和信息筛选的效率，其旋转成分矩阵值分别为 0.691、0.649 和 0.636（见表 9-4）。从描述性统计结果的均值来看，农民工的信息来源渠道指标（X3）的均值仅为 2.9640（见表 9-1），表明绝大多数的农民工创业信息来源局限于自己调查、朋友推荐和政府通知，报纸杂志和网络对其的影响较小，但与此不相适应的是网络使用（X4）的均值达到 3.6197（见表 9-1），表明农民工对网络的使用程度很高，什么原因导致农民工使用网络又不善于利用网络这个便捷的信息渠道和工具获取创业信息？统计结果表明，主要是因为受访者的学历普遍较低，其统计均值为 2.7511（见表 9-1），大部分的受访者学历在高中毕业以下，导致他们对网络信息的筛选缺乏自信，更偏好于传统的信息来源渠道。

农村亲情文化对创业的影响。农村亲情文化对创业的主要影响因素是主要联系方式（X1），其描述性统计均值为 2.8332（见表 9-1），说明农村手机的使用率很高，亲人朋友间的联系便捷、紧密。从旋转成分矩阵来看，X1 在成分 4 中的值为 0.795（见表 9-4），表明它对农民工返乡创业的影响显著。

农村就业文化对创业的影响。农村就业文化对创业的主要影响因素是农民工的务工经历（X12），描述性统计均值为 2.1409（见表 9-1），大部分的受访者外出务工经历为 3~6 年，说明农民工的返乡意愿强烈，在外务工的归属感不强。从旋转成分矩阵来看，X12 在成分 5 的值为 0.925（见表 9-4），对农民工返乡创业行为的影响显著。

需要特别强调的一点是，回归分析结果显示，创业园区对农民工返乡创业意愿和创业行为的影响并不显著，为此我们到多个县级创业园区进行考证，发现大部分的创业园区在引进企业的时候，对企业规模、注册资金等要求较高，甚至直接参照产业园区建设的经验，这在短期内对县域经济发展能起到立竿见影的效果，但这与建立创业园区的初衷却不相符，这一现象有待进一步研究。

四、结论与建议

本书将新时代乡村文化分为学习文化、政策文化、信息文化、亲情文化和就业文化五个维度，分析了各文化维度对农民工返乡创业行为的影响因素，形成了以下结论与建议：

（1）文化通过锚定效应对农民工返乡创业行为产生显著影响：正向

的积极的文化锚定能强化农民工返乡创业的意愿，并有助于将创业意愿转化为创业行为；负面的消极的文化会淡化农民工返乡创业的意愿，不利于将创业意愿转化为创业行为。创业成功者产生锚定效应对潜在创业者的影响显著。人们周围创业成功的人和事迹对激发创业者的创业热情有正向的激励，越是熟悉的人、越是传奇的故事、越是巨大的成功越能够激发创业热情，创业者的成功会产生很好的示范效应。建议加强社会主义新时代乡村文化建设，重构农村文化的影响力，大力宣传创业者的典型事迹。第一，要以人为本，尽快启动农村筑巢引凤工程。一方面要坚持和完善大学生村官计划，提高大学生村官的经济和社会待遇，解决大学生村官的后顾之忧，让大学生村官能安心服务于农村，成为新时代乡村文化构建的主力军。另一方面部分出生于农村的退休职工渴望落叶归根，是农村人才流入的内生力量，鼓励这部分人群回归农村，不但可以成为新时代乡村文化建设的生力军，而且可以发挥他们在农村经济社会发展各个方面的重要作用，提高农村社会的经济活力，并减轻平均社会福利成本。因此建议政府在制定政策的时候要适当地考虑新时代乡村文化建设的需要，在新农村建设的整体规划中允许他们在家乡购买宅基地用于自住房的建设，以此吸引这部分人才返乡。第二，要坚持正确的舆论导向，重塑尊重人才、尊重知识的价值观，坚持社会主义核心价值观在社会生活中应发挥的道德基准和准绳作用。只有坚持正确的舆论导向，大力弘扬中华民族的传统美德，才能让这些年来逐渐模糊的道德准绳在人们心中再次清晰，才能让社会充满正能量，当文化真正回归农村时，农村文化的影响力就会再次凸显。

（2）农村学习文化对农民工返乡创业行为的影响最显著，学习文化直接影响农民工接受创业教育、技术培训与指导的热情和效果，影响农民工对新知识和新技术的学习能力，影响他们创新创业的意愿与行为。同时它还是其他几个新时代乡村文化维度的基础。建议着力进行一定程度超前的基础设施建设，积极弘扬新农村学习文化。我们在调研中发现，27%的受访者认为所在村里没有任何集体活动，表明了农村文化活动的严重缺失。农村文化活动缺失的原因是多方面的，比如说人才缺乏、农民参与的积极性不高等，但最主要的一个原因是有关政府部门对新时代乡村文化建设重视程度不够，投入资金不足，致使农村文化活动（特别是大型集体活动）缺乏有效的载体而难以开展。政府要加大农村文化投入力度，充分挖掘当地传统文化项目，积极打造区域特色文化品牌，鼓励和支持农民工返乡创业项目与特色文化建设项目相结合，让各种文化活动成为人们交流的纽带、学习的基地、弘扬正能量的平台。

（3）政策文化对农民工返乡创业行为的影响非常显著，创业者希望优化农村政策文化，确保国家支农惠农政策能够真正惠及大众，在创业过程中更好地获得金融和政策支持。同时相对超前的、可见的基础设施建设有利于激发创业者的创业热情，初期创业者没有更多的资金来建设或改善基础设施，因而人们更愿意选择基础设施相对完善的地方创业。建议制定各种有针对性的农民工返乡创业倾斜政策，保障各种惠农政策的落地与入户。让各种政策文化普惠大众，成为农民工返乡创业的保障和坚强后盾。要以当前的反腐倡廉工作为契机，大力加强公职人员的作风建设，大力宣传廉政文化和求真务实、真抓实干的施政文化，坚决杜绝侵占农民和农村利益的行为，坚决避免减扣、挪用各种支农惠农资金及农业补贴的事件发生；基层政府在制定各种涉农政策的时候，一定要真心实意立足三农，严格遵循市场经济规律，充分尊重农民意愿。要通过惠农政策落地、惠农信息到村、惠农资金到户，让农民真真切切地感受到党和政府求真务实的工作作风，以此来重塑政府的公信力。

（4）农村信息文化对农民工返乡创业行为影响较显著，农村信息文化决定着农民工获取信息的能力、来源及效率，从而决定他们返乡创业的意愿、创业项目的种类、创业风险防控能力及创业的成功率。建议政府进一步加强信息技术的推广与使用，建立创业就业信息公众平台，帮助农民正确获取和筛选所需信息，为农民工返乡创业提供信息保障。要把农村信息化建设提高到供给侧改革的战略高度，建立农村创业就业信息公众平台，免费向创业者、农户及消费者提供发布供需信息、农产品质量标准、现代农业实用技术和农产品溯源查询及商品交易平台等服务。借此基础，大力发展农产品电子商务技术，让农业走向内源性现代化发展之路。

（5）农村亲情文化和就业文化对农民工返乡创业行为的影响机制类似，可以归纳为落叶归根和衣锦还乡的心理锚定。研究发现，这种锚定效应在农民工返乡创业过程中发挥了非常积极的作用，乡土观念和家族意识越浓越有利于激发创业者的返乡创业热情。建议鼓励乡情文化，正确引导农民的就业观。俗话说"金钱易挣，情谊难寻，千金难买是乡情"，尽管乡情文化在市场经济的冲击下日趋淡漠，但是中华传统文化的根一定还留在人们的心里，因此我们在社会主义新农村建设中，一定不能忽视社会主义新农村的文化建设，要大力弘扬中华民族的传统美德，肯定农民工返乡创业是服务地方经济的善举，让农民工返乡创业成为个人价值实现、新农村建设和区域经济发展协同发展的三赢之举。

第十章 农民工返乡创业与新时代乡村文化建设耦合发展案例

——锦潭广东农业公园

锦潭广东农业公园是广东省农业厅落实省委、省政府推进农业供给侧结构改革、实施乡村振兴战略的具体措施和抓手，全面贯彻三产融合理念，以现代农业（第一产业）为基础，大力发展农产品加工工业（第二产业）和乡村旅游休闲农业（第三产业），推动农村一二三产融合发展，达到"1+2+3>6"的产业效益，是现代农业发展的新业态，也是农民工返乡创业与新时代乡村文化建设耦合发展的典型案例。

一、锦潭广东农业公园耦合发展理念

围绕乡村振兴战略的总要求以及"双创"特色小镇的建设目标，确定了"农业为本、旅游驱动、扶贫精准、教育兼顾"的理念。坚持以农业产业化养殖、种植为基石，以农旅带动为核心，以精准扶贫为亮点，梳理好政府、企业、游客和乡村居民的关系与需求。打破主体壁垒，科学建设农业产业和旅游产业双产业链，聚合特色农业、农副产品加工业、旅游休闲产业、文化产业和乡村建设等。重点抓好生产体系、加工体系、服务体系等支撑体系的建设,通过一二三产融合将园区打造成广东省及东南地区高端农产品示范及供应基地、"农耕文化体验、现代农业科普"为主题的广东农业公园。

项目由广东省重点农业龙头企业、英德市锦源农牧产品发展有限公司2017年申报创建,获广东省农业厅立项。锦源农牧产品发展有限公司在目前已有的5000多亩的养殖娃娃鱼、三文鱼、加州鲈鱼、鲟龙鱼、水鱼、罗非鱼、四大家鱼、土猪和种植水果蔬菜立体生态农场的基础上,充分利用当地良好的自然生态资源,以锦潭水库为缘起,在沿锦潭河13千米长、约2万亩的两岸土地上建设二十四节气瓜果长廊项目、现代农业大棚项目、家庭农场项目、水上度假屋群及帐篷营地项目、水上娱乐园、万人抓鱼区、钓鱼区、恒温河、游泳池、叠水瀑布、水上大舞台、湿地公园等项目,以水产品水文化为载体、以"农耕文化体验、现代农业科普"为主题的农业公园。项目规划总面积5.5平方千米,总体投资规模为30.5亿元,已投资15亿元,2018~2020年预算投资为15.5亿元,首期项目预计在2018年10月开业。农业公园是高科技农业与生态旅游观光双产业叠加,将形成综合年产值30亿元,就业及居住人口超过2万人,游客年接待能力超100万人次,形成全镇人口脱贫并带动周边区域发展的生态产业经济区(见图10-1)。

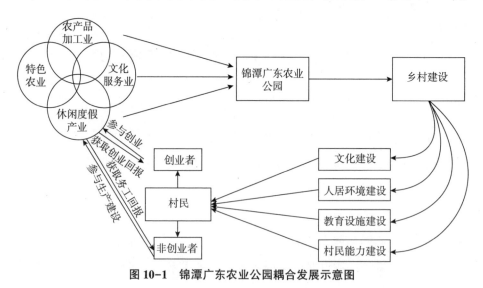

图10-1 锦潭广东农业公园耦合发展示意图

二、锦潭广东农业公园耦合发展优势分析

（一）区位交通条件优越，旅游市场潜力大

锦潭广东农业公园位于英德市石牯塘镇，地处广东省北部。北连湖南省，南接广州市，通往外界有 240 国道、358 国道、乐广高速、汕昆高速（在建），可进入性良好。距广晟生态世界旅游度假服务中心仅 10 千米，距离武广高铁站英德西站车程 30 分钟，通过广乐高速公路到广州白云机场只需 60 分钟车程。便利的交通条件、优越的地理位置，让农业公园既可以吸引广东本省游客，也可以对接湖南、广西、深圳等地区，旅游市场潜力巨大。

（二）龙头企业为依托，农业基础实力雄厚

锦潭广东农业公园所在的石牯塘镇，以农业为经济支柱产业，主要农产品有水稻、荷兰豆、蚕桑、甘蔗、蔬菜、竹笋、冬菇、木耳、灵芝、茶叶、四大家鱼、锦潭鱼等，是广东省重要的农产品种植养殖基地。近年来，通过对农业产业结构的调整，使农产品的产量大幅度提高，农、林、渔、副全面发展。目前，农业公园已初步形成了锦潭河鲜养殖场、北区鳖养殖场、东区土猪养殖场、三鸟养殖场、立体生态蔬菜农场，已具备发展现代农业示范基地的基础。项目以广东省农业龙头企业锦源农牧产品发展有限公司为依托。锦源农牧产品发展有限公司是"广东省先进农业园区""广东省农业龙头企业""清远市农业龙头企业"，先后荣获"广东省菜篮子基地""广东省重点生猪养殖场""全国青少年科普教育示范基地"，供应港澳地区活猪的许可证，以及蔬菜有机转换证、土

猪有机转换证、锦潭鱼有机转换证。公司充分利用了锦潭水库的优质资源，以打造精品农业、品牌农业为目标，打造出"锦潭河鲜""平水锦潭时蔬"等自主品牌。

（三）基础建设完备，自然生态资源丰富

锦潭广东农业公园依靠储水量 3 亿立方米、总水域面积 1.3 万亩的锦潭水库，紧靠英德石门台国家级自然保护区，连接锦潭河上游 20 万公顷原始森林。生态环境良好，森林覆盖率高，四面群山环抱，主要植被为亚热带常绿阔叶林，沿水库下游形成 13 千米的狭长河滩。整个区域内空气质量优、水质好，如同天然氧吧。村民沿河种植，形成了山清水秀、山环水绕、风景宜人的田园风光。农业公园于 2017 年 10 月开始建设，目前已投入资金 15 亿元。内部主要道路网络、供水、供电、下水道、防洪堤及通信设施基本具备，建筑面积 5000 平方米的游客总服务中心已基本建成。

（四）多级政府大力支持，政策措施强有力

锦潭广东农业公园，是广东省农业厅批准立项成立的，是目前清远市唯一的、全省十二家获得广东省农业厅、财政厅专项资金（750 万元）支持创建的项目。在清远市重点打造立体生态循环农业基地和农旅示范基地"双创"特色小镇工作，以及大力发展乡村旅游、抓好精准扶贫工作的要求下，清远市政府依托锦潭农业公园建设的积极性高、建设主体清晰、生态环境好等优势，通过独特的"企业+镇政府+村委会+村民小组+农户"五级联创机制，由创建企业对农业空间和产业空间进行整体性建设，并理顺乡村居民与其他利益相关者的关系，建立科学合理的管理体制和参与机制，为农业公园的建设发展保驾护航。

三、锦潭广东农业公园耦合发展的做法与经验

（一）产业链上的耦合

在特色农业产业链上进行深度耦合，以农业发展为本，创新农业发展模式，围绕高科技生态农业特色，因地制宜地确定了水产禽畜养殖、蔬菜水果种植、农产品加工三个辅助产业。

（1）水产禽畜养殖产业。依托锦潭水库优质的水资源和水电站梯级发电的流水优势，锦源农牧产品有限公司在锦潭梯级水电站的三级站到四级站之间，分北、西、东三个区域来放养河鲜，总面积3500亩，建立了锦潭河鲜养殖场，养殖鱼类共20多个品种，即实现了"源头活水养鱼"的特色养殖，在必要时又可以做到相互独立。又因为锦潭河流域有地下泉水，水温较低，常年保持在20℃左右，所以除锦潭鱼等普通鱼养殖外，还发展了娃娃鱼、淡水三文鱼、鲟鱼、鲈鱼等特种鱼养殖。北区中华鳖、黄河鳖养殖场，总面积500亩，均采用仿野生甲鱼养殖方法。东区土猪养殖场，年产3万多头土猪，全部采用野外竹山放养。三鸟养殖场里，2万只竹园鸡、清水鸭在农家自然放养。

（2）蔬菜水果种植产业。目前已建成1000多亩立体生态蔬果农场，蔬果品种20多个。由锦源农牧产品有限公司整体规划种植内容，统一提供种子、肥料。当地农户提供劳务，以最低劳务价0.8元/斤的价格签订劳务合同，按照公司要求来进行科学化、标准化种植。蔬果产品种植出来后，又由公司统一收购、销售。这样既可以从源头上保证蔬果的品质、安全，又可以降低农户要承担的风险、带动农户增收。将蔬菜、水果等产品系列不断优化，向精品农业和无公害农业品牌延伸。

（3）农产品加工产业。锦源农牧产品发展有限公司还已经建立占地面积 500 亩的农副产品加工厂、标准化鱼干厂、深加工厂等。就地取材，将优质生猪、鱼、蔬果等产品以传统手工艺生产成腊肉、腊肠、鱼干、菜干等产品。目前，每年可向市场供应约 600 万斤加工产品。公司通过已经建立的 30 多家"锦潭"品牌直营店和 O2O 体验馆，形成珠三角品牌终端连锁销售网络，打通了农产品从田间到餐桌的直通渠道。这些优质的加工产品通过渠道销往粤港澳地区，深受当地消费者的喜爱。

（二）旅游项目上的耦合

锦潭农业公园是以农业旅游业发展为驱动，在旅游产业建设上，将 13 公里河滩及两岸的水上乐园项目共分三大板块，18 个旅游项目，在旅游项目上深度耦合发展。其中，第一板块是生态旅游板块。该板块利用锦潭梯级水电站 13 公里河滩及两岸的独特自然条件，沿河建立起一系列水上休闲游场地和项目，如水库钓鱼、冷热水游泳、水上舞台表演、体验抓鱼等。以一方净水、自然秀丽的景观和有趣的体验项目来吸引各地游客。第二板块是家庭农场板块。在该板块中，人们可以租用家庭农场，体验拥有自己农场的农场主的感受，公司则成为农场主人的管家。具体操作是，由当地农户提供土地、劳动力，由公司负责所有生产资料的投入并进行统一管理。家庭农场按规划将开发 5 万亩。第三板块是农旅联动板块。即与农民合作的农业基地上，推动"农旅联动"的渔耕富农工程新模式。它是一个开放式的、无边际的发展结构。以当地品牌农业带动当地旅游，再以旅游拉动农业，进而带动当地农民致富奔小康，真正实现农业与旅游融合发展的愿望。常见的农业公园旅游产品结构如图 10-2 所示。

按照旅游项目群的种类，锦潭生态旅游板块重点打造 18 个旅游项目，作为锦潭十八景。一景：开门纳吉——长江桥集散中心。在长江桥的东侧滨水而建，占地面积 8 万平方米。其中建筑面积 5000 平方米的游客总服务中心，为游客提供信息、咨询、休息等服务功能。二景：高坝揽胜——

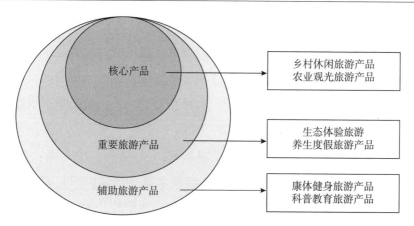

图 10-2　农业公园旅游产品结构

大坝集散节点。在锦潭湖大坝周边分别修建观光廊、景观凉亭，北向观景锦潭湖，东向观景石门台大峡谷，南向观景 123 米人工瀑布和鱼乐人欢的锦潭水世界。三景：驿路锦廊——"99 驿站"百里锦廊游步道。驿站遍布全区域，每座驿站规划 300 平方米左右。游步道搭建成拱形，以绿化为手段，多层次、全方位表现出色彩变换、四季更替。四景：鲜客天下——"人民公社大饭堂"餐饮基地。总建筑面积 8000 平方米，以乡情、乡恋为情结，重新打造一代中国人的温饱记忆场景。五景：锦珠耀府——星级酒店建筑群。规划面积 1 万平方米，含星级宾馆、国际会务中心、会所等。六景：智水仁山——"山水双城"度假群屋。占地 80 公顷，总建筑面积 15 万平方米，布局在锦潭河上游的东西两岸。七景：百鸟鱼龙——"鸟巢屋—鱼笼屋"度假屋群。是锦潭河两岸的旅游住宿设施。八景：三岛十洲——帐篷营地。锦潭河休闲沙滩，占地面积 10 万平方米，以满足超量游客的过夜需求。九景：鱼乐腾龙——水上娱乐园。包括鱼跳舞、万人抓鱼、水上大舞台、激流回旋和汽车越野运动项目。十景：湖踪峡影——游船观光及夜探侏罗纪。夜间游船观赏灯光进行峡谷探秘。十一景：瓶水乾坤——娃娃水乐园。儿童水上乐园，让孩子在享受水趣娱乐的同时，开发智力。十二景：太公高钓——高端钓鱼区。修建九组，每组 5

个，共 45 个钓鱼平台。十三景：仙谷逍遥——仙人谷清心养生。锦潭河从一级坝到调节坝流域峡谷风景迷人，为游客提供清心之所。十四景：水韵千秋——传统水利文化景观。东西两个度假区，东区开展漂流，西区修建恒温河，开展冬季游泳。十五景：水舞鉴心——音乐喷泉景观。修建大规模、多花色、高射程的音乐喷泉，面积 1 万平方米。十六景：飞瀑唤彩——水坝人工瀑布景观。利用大坝修建人工瀑布。十七景：罗汉叠瀑——108 级叠水瀑布景观。修建 108 级叠水瀑布景观，即起调节水的作用，又营造出水景观。十八景：十二花洲——四季花开大地艺术景观。修建 12 组浮舟，以 12 星座命名。

可以看出，锦潭广东农业公园在项目设计上充分考虑将传统文化耦合进来，并将之打造成项目发展的优势与特色。锦潭广东农业公园不但是农业基地、农旅示范地，还是"全国青少年科普教育示范地"，更是将"农耕文化体验、现代农业科普"作为公园主题，主要是通过打造二十四节气瓜果长廊来承载起推广农耕文化、科普农业知识的作用。二十四节气瓜果长廊是一个全长 12 千米、宽 3.5 米的瓜果长廊。将按二十四个节气的不同风格，建设二十四亭，融休憩、饮食、科普于一体。游客在其中一边沿着二十四节气的顺序了解不同节气的农产品和主要农事，又可以实现采摘品尝瓜果的体验。长廊目前已完成框架搭建。农业公园将与广东中小学合作，成为一个教育基地、文化推广基地。同时也将成为亲子游最好的体验场所。

（三）运营主体间的耦合

锦潭广东农业公园响应乡村振兴战略，围绕一二三产融合，采取"企业+镇政府+村委会+村民小组+农户"五级联创，合作共建、运营独立、利益共享的创新发展模式。五级单位协力助推传统农业的产业升级改造与绿色转型，形成高科技农业与现代观光服务业的叠加形态，农村土地集约化、农村村民股份化、农村劳动力岗位化，充分体现精准扶贫、共同致富的政策理念，同时还将治安与环保制度化，确保生态效益与综合效益的合理成长，创新富有活力的"锦潭发展模式"。

锦源农牧产品发展有限公司（创建方）负责整体规划、生产资料投入、引进项目、技术指导及运营管理。镇政府为创建方开发利用项目范围内的国有土地积极创造条件；协助创建方与集体土地权属所有者办理征用或租用手续；负责维护当地治安，保证创建方在合法经营的前提下顺利建设经营；给予创建方在招商引资方面有关的优惠政策；负责协调创建方项目立项、报批等相关手续办理及与政府及社会各方关系；确保项目范围内及周边自然生态环境得到有效保护；协调创建方经营必须的道路、水、电、网络等公共基础设施资源的正常使用。园区建成后，从景区开放营业起，创建方为全镇公共事业和民生事业从景区门票中提供每张 3 元的公共事业建设费。村委会（村经济合作联社和农民专业合作社联合社）负责本村辖区内自然生态环境得到有效保护、引导本村委村民支持羡慕正常建设及运营、维护好本村委辖区内的卫生及治安，协助疏导交通。产业园区建成后，以景区开放营业起，创建方给予合作村委会提取景区门票每张 1 元的管理费，项目全部建成运营后，预计接到能力每年可达 100 万人次，直接可为村委会增加每年 100 万元收入；辖区内合作经营农副产品、三鸟及鱼类回收总价款中提取反拨 3% 的管理费。通过 6~8 个农民专业合作社联合社来组织农户进行生产，形成规划生产。

村民小组（或经济合作社和农民专业合作社）服从创建方制定的项目规划、管理、经营及销售等；提供项目所需的土地和劳务，协助创建方管理；负责种植果蔬，保证安全卫生。每年提供合作土地收益每亩不足500 元（包含林地、荒坡地）的由创建方按 500 元/亩保底；村小组集体提供土地合作按园区规划设计项目建成后，以村小组为单位，本村小组应得总收入返还 3% 的管理费。通过 10~12 个农户专业合作社来带动农民发家致富。

村民（家庭农场）负责生产，公司以家庭农场为单位进行统计，其中劳务费按果类 2 元/斤，蔬菜 0.8 元/斤，鱼类 2 元/斤，三鸟类 10 元/只；住房一晚 80 元/间提取分成，村小组与农场主各占 50%，经过土地整合，按现代农业发展要求实现现代农业生产，人均可耕作面积可提高到 5 亩以上，年均亩产量可达到 1 万斤以上，每位劳动力年劳务收入达 5 万元以上。公司规划发展 5 万亩家庭农场，能够带动 1000 多户家庭农场发展，未来可提供农民工返乡创业机会 2000 个以上，吸收 10000 个劳动力就业，实现"创业一人，影响一方，就业一人，脱贫一户，带动一片"。

四、社会经济效益分析

（一）创新产业扶贫模式，带动农村地方经济发展

锦潭广东农业公园以促进整体经济发展为目标，做大做强优质农业产业和生态旅游产业，打造本土扶贫产业项目新亮点，积极整合资源、创新扶贫模式，实行"资金"变"股金"、"资源"变"股权"、"农民"变"股民"的"三变"新产业扶贫模式，达到了镇上贫困户的精准脱贫致富的效果。

（1）金融扶贫，实现"资金"变"股金"。公司首先选取全镇 6 条分散贫困村（三联、石下、永乐、长江、黄洞、联山）为帮扶对象，吸纳贫困户入股，带动贫困户通过利益联结机制实现股本增收。有劳动力贫困户以投资入股的形式与项目公司合作，时间定为 5 年，每年不低于 10% 的收益。资金在省扶贫开发资金中支出，期满后本金返还各村合作社作为扶贫基金。全镇已有 621 户贫困户（2257 人）入股，入股总金额达 1273.5 万元，每年可获收益 127.35 万元。目前 621 户贫困户已获第一年度的收益，人均增收 564 元。

（2）产业帮扶，实现"资源"变"股权"。2017年底，首先对天老、田心等村贫困户及其他农户提供合作的2000多亩零散土地进行整合。由公司集中连片、规模化、机械化经营，以"家庭农场"模式发展种植养殖业，按约定分红。保底收益为500元/亩，吸纳了400多位当地劳动力就业。目前已经初见成效，陆续进入采摘收成期，年内亩产可实现1万元以上。按每个劳动力耕作面积5亩计算，预计合作农合劳务年收入可达5万元左右、集体收入（土地合作、管理费用）大于12000元（即2400元/亩）。合作范围内实现了贫困户的全覆盖。"五级联创"土地合作方式实现利益共享、集体经济壮大收益、农民增收，实践已得到当地村民的积极拥护。下一步将总结推广经验，扩大经营规模，预计2019年家庭农场经营的土地规模将达到2万亩，2020年可达5万亩以上。

在项目中，"资源"变"股权"的改变促使"农民"变成"股民"。使村民心中有了主人翁的认同感，认为自己不仅仅是就业，更是一种新形式的创业，是在干自己的事业。目前，已经有许多村民进入公司就业，他们在股份分红之外月薪可达3000元以上。园区建成开业运营后，土地合作家庭农场规模不断壮大，需要大量种植养殖从业人员。由企业内部聘请各门类技术人员，对劳务人员进行培训，让当地富余的农村劳动力技能提升。特别是对农业剩余人员进行针对性培训，让其在家门口就业。园区内设立特产经营一条街，公司80%的档口采取等级减租或者免租的形式提供返乡创业机会。

（二）创新文旅产业发展内涵，推进乡土文化复兴

乡村振兴，文化是魂，中国的乡村有着数千年农耕文化的结晶，拥有着深厚的文化底蕴。乡村振兴的本质是让"乡村回归乡村"，实现乡土文化的再造。锦潭广东农业公园创新了文化旅游产业发展的内涵，在建设过程中重视文化凝聚力的培养、彰显农业公园的文化个性、传承农业公园的文化根基、形成维系各方人员的共同精神纽带。发挥文化的引领、渗透和

凝聚作用，最终实现产、园、人、文四位一体有机结合，形成公园强大的吸引力和向心力。文化再造不仅仅是打造农业公园的内在灵魂，更是对中国传统乡土文化的传承和发展。在现有城乡二元制结构下，文化记忆、家族观念、风俗礼仪等维系人们情感寄托的乡土观念日渐式微。乡土文化在城镇化和工业化浪潮中逐步没落，都市人群向往乡土文化的脉脉温情，渴望回得去故乡。农业公园将在区域建筑改造、娱乐项目设置、人文风情交流三个方面对乡土文化进行再造，使人们在享受城市生活便利的同时，还能看得见山水，留得住乡思，在满足人们情感需求的同时，将中国传统的乡土文化进行延续和发展，推进了乡土文化的复兴。

园区建筑改造：将原有空心村改造成住宿区，最大限度地保留原有乡村乡貌。在保证游客享受现代化设施的同时，让其真正感受到乡村风貌，体验乡村住宿。新建的游客服务总中心、"人民公社大饭堂"餐饮基地等建筑物模仿传统建筑风格打造，不管是命名还是外观上都与整个园区的整体乡土文化相一致，并向游客传递这种文化。

娱乐项目设置：园区主要娱乐项目是依托当地田园、河流等自然风光因地制宜设置，处处体现出乡村田园、农耕文化的特色。如万人抓鱼、家庭农场其实质都是农事体验。通过让游客亲身体验农事，满足其根植在心里对乡土的深深依恋。能真正在娱乐的同时扩大乡土文化的影响力。二十四节气瓜果长廊项目更是以农耕文化中人民智慧结晶的二十四节气为主线来打造，让在城市长大的新一代，通过看、听、尝，直观地感受农耕文明，起到教育科普、传承乡土文化的作用。

人文风情交流：让村民就地就业，继续从事耕作养殖，保留园区原有的人文风情。商业街中80%的档口由当地人经营，很多档口继续传统手工产品销售，如糖人、手工纺织品等。石牯塘镇丰富的民俗活动、特色餐饮、民间技艺等文化资源成为吸引游客、交流乡土文化的重要载体。水上舞台表演更将当地乡土文化通过歌舞表演的方式传递给游客。

锦潭广东农业公园通过新型的"五级联创"模式，由公司统一规划、农户提供劳务，改变农户过去单打独斗、品种自己选、风险自己扛的状况，将农户像一颗颗珠子一样串进产业链中。更通过土地入股的形式，将分散的土地集中起来，通过农业的规模化、科技化生产，实现农业的产业升级，提高农产品的产量和质量，再通过O2O体验店、电商平台等形式实现农产品分销。蔬果种植、特色鱼养殖、农副产品加工等一个个特色农业大项目在锦潭广东农业公园开花结果，成为拉动农业转型升级的"新引擎"，助推农民增收致富。锦潭广东农业公园项目，不但促使了石牯塘镇的农业产业升级，也给其他地区产业发展提供了一个通过农业规模化、科技化等改造升级，积极培育乡村经济新业态，推进一二三产融合发展的成功示范。

第十一章 结论与政策建议

基于湖南、湖北等 16 个省（市、自治区）944 份农民工返乡创业问卷数据为基础，采取多元回归方法分析了新时代乡村文化视角下农民工返乡创业意愿的影响因素。研究结果显示：技术培训普及度、金融支持力度和农民工文化基础对农民工返乡创业意愿有较强的正向激励作用，基础设施中通信条件降低了农民工返乡创业意愿，政策文化对返乡创业意愿的影响不显著。这些因素的影响说明了农民工返乡创业意愿形成的机理和过程：农民工返乡创业意愿是一种叶落归根、衣锦还乡的心理锚定，当其掌握了创业所需的知识和技能，并确信能获得一定金融支持，就会极大增强这种创业意愿，增大转为创业行为的概率。根据以上分析和研究结论，本书提出以下政策建议：

第一，坚持协同发展战略，以美丽乡村建设为载体，大力发展新型农村经营组织。从前面的分析已经证明，新时代乡村文化与农民工返乡创业是一种耦合共生的关系，这要求我们在制定三农政策、规划农村发展路径时必须重点考虑这一影响因素，强化乡情文化建设，增强农民工返乡创业意愿。新型农业经营组织应该是新农村建设的主力军，田园综合体则可以理解成多个新型农业经营主体的网状集群。这种网状集群发展的田园综合体承载更多的是美丽乡村建设的理论与实践，蕴含着美丽乡愁的新时代乡村文化内涵，避免了单个的新型农业经营主体规模和资金的不足，可以充分发挥集群经济的规模效益，让惠农政策和资金发挥其最大效用。

第二，畅通人才通道，搭建对口帮扶平台，大力推广技术进村、专家下乡工程。地方政府应该重视并切实加强与高校及科研院所合作，加强技术转化力度，大力推进技术进村、专家下乡工程，加大对农民工的技术培训范围和层次，鼓励技术性创业行为；要尽快启动农村筑巢引凤工程：一方面，要提高大学生村官的经济和社会待遇，解决大学生村官的后顾之忧，让大学生村官能安心服务于农村，成为新时代乡村文化构建的主力军。另一方面，要鼓励和支持离退休人才返乡定居，发挥他们在农村社会经济发展中的重要作用，可以提高农村社会的经济活力并减轻平均社会福利成本；要弘扬尊重人才、尊重知识的价值观，坚持社会主义核心价值观的道德基准和准绳作用，弘扬中华民族的传统美德，凸显新时代乡村文化的影响力。

第三，加大农村基础教育投入，全面推进新型职业农民的终身教育机制。要注重对农村基础教育的投入，确保教育资源分布更加优化和公平，免除农民工返乡创业的后顾之忧；要加大农村文化投入力度并充分挖掘传统文化项目，提倡"文化搭台经济唱戏"的经济发展模式并积极打造区域特色文化品牌，鼓励和支持农民工返乡创业项目与特色文化建设项目相结合，让各种文化活动成为人们交流的纽带、学习的基地、弘扬正能量的平台。

第四，保障各种惠农政策的落地与入户，搭建创新创业平台，切实加大对创业的支持力度。要加大国家关于创新创业政策、金融支持政策、现代农业发展政策的宣传和入户工作，确保宣传实效，让各种惠农政策真正普惠大众，成为农民工返乡创业的保障和坚强后盾；进一步加强作风建设克服庸政懒政行为，坚决杜绝侵占农民和农村利益的行为和减扣、挪用各种支农惠农资金及农业补贴的事件发生；坚持弘扬正确的政绩观和绿色发展理念，充分尊重农民意愿并严格遵循市场经济规律。通过惠农政策落地惠农信息到村和支农资金到户的措施，让农民工在返乡创业过程中能切实感受到改革带来的红利，体会到新时代乡村文化的魅力。

第五，积极鼓励和扶持农民工返乡创业。中共十七大针对就业工作再一次摆到了突出位置，即加大鼓励创业、支持创业的目标更加具体，同时报告提出要"实施扩大就业的发展战略，促进以创业带动就业"，中共十八大和十九大又连续出台了多项优惠政策。扶持农民工返乡创业，可以根据他们所掌握的专业知识，对他们进行有针对性的创业技能和企业经营管理等方面知识的培训，并指导他们依托农村市场和农产品及服务进行创业。具体可以从以下几个方面着手：一是培育农民工的创业者素质。意识决定行动，要实现以大创业促进大就业，必须通过创业教育培养创业人群的创业者素质，摒弃陈旧过时的就业观念，树立科学的择业观、就业观和成才观。一般来说，创业意识、创新意识、冒险精神和敬业精神是最重要的几项创业素质。农民工的这几项创业素质都比较缺乏，尤其缺乏创业意识和冒险精神。影响因素除了传统的教育观念之外，社会创业氛围的缺失也是一个重要的方面。社会对农民工返乡创业的舆论导向，直接影响着他们的创业行动与热情。政府必须发挥宣传部门、新闻媒体以及正确的舆论导向作用，营造全民参与、积极鼓励还乡农民工面向农村创业的环境；要引导媒体积极宣传农民工返乡创业的相关政策，积极宣传创业过程中涌现的先进经验和先进典型；要树立正确的舆论导向，努力在全社会营造鼓励创新创业的舆论氛围。二是创新农民工返乡创业教育体系。创新以人为本的农村创业教育体系，应该以科学发展观为指导，以提高农民工返乡创业的综合能力为目的，根据创业三要素（即创业意识、创业观念和创业能力）的要求科学设置学科专业，更新教学内容，改革培养模式。首先要及时掌握社会主义新农村建设对各个层次人才需求，调整现有城市指向的教育培养目标，及时科学设置和整合现有的专业。通过增加创业实践教学、应用性和技能性课程、应变力创造力训练的教学比重，提高农民工返乡创业的适应能力。三是完善制度，降低农民工返乡创业的风险。要进一步完善扶持农民工返乡创业的制度和机制，使农民工返乡创业成为普遍和长期的行为。政府要努力打造良好的创业政策平台，建立和完善扶持农民工返乡创业的政策体系，并做好中长期规划。可以在农村设立农业科技创业园，在城镇设立农民工返乡创业园（街），有意识地引导创业项目与当地农业产业合作组织对接，充分整合创业园区的智力及人力资源，整合产业链条，做到优势互补，共享创业成果。同时要完善农民工返乡创业的进入与退出机制，鼓励设立农村创业风险基金，通过风险基金的运作来为农民工返乡创业提供必要的物质基础和创业指导，降低农民工的创业风险，免除他们的后顾之忧。

参考文献

［1］2015 年政府工作报告［EB/OL］. http：//www. gov. cn/guoqing/
2006-02/16/content_2616810. htm.

［2］Albert O. Hirschman. Investment Policies and "Dualism" in Underdeve-
loped Countries［J］. The American Economic Review，1957（9）：550-570.

［3］Alfred Marshall. Principles of Economics［M］. Troon：Macmillan
and Company，1890.

［4］Alfred Weber. Theory of the Location of Industries［M］. Chicago：
University of Chicago Press，1929.

［5］Edgar M. Hoover. The Location of Economic Activity［M］. New
York：McGraw-Hill，1948.

［6］Epley N. ，Gilovich T. Putting Adjustment back into the Anchoring
and Adjustment Heuristic：Differential Processing of Self-generated and Experi-
menter-provided Anchors［J］. Psychological Science，2001，12（5）：1-4.

［7］Francois Perroux. Le pouvoir politique et ses fonctions［M］. Paris：
Domat Montchrestien，1945.

［8］J. G. Williamson. Regional Inequality and the Process of National De-
velopment：A Description of the Patterns［J］. Economic Development and Cul-
tural Change，1965，13（1）：3-45.

［9］Kaname Akamatsu. A Historical Pattern of Economic Growth in Developing Countries ［J］. Journal of Developing Economies，1962，1（1）：3-25.

［10］Kenneth F. Kister. Kister's Best Encyclopedias ［M］. New York：Oryx Press，1986.

［11］Michael E. Poter. Clusters and the New Economics of Competition ［J］. Harvard Business Review，1998，76（6）：77-90.

［12］Paul Krugman. Increasing Returns and Economic Geography ［M］. Troon：National Bureau of Economic Research，1990.

［13］Raymond Vernon. International Investment and Investment Trade in the Product Cycle ［J］. Quarterly Journal of Economics，1966（80）：190-207.

［14］Trompenaars F. ，Hampden-Turner C. Riding the Waves of Culture：Understanding Divesity in Global Business ［M］. London：McGraw-Hill，1993.

［15］Tversky A. ，Kahneman D. Judgment under Uncertainty：Heuristics and Biases ［J］. Science，1974（185）：1124-1131.

［16］Tversky A. ，Kahneman D. Advances in Prospect Theory：Cumulative Representation of Uncertainty ［J］. Journal of Risk and Uncertainty，1992（5）：297-323.

［17］阿瑞提 . 创造的秘密 ［M］. 沈阳：辽宁人民出版社，1987.

［18］彼得·德鲁克，吴仁洪 . 美国的创业经济 ［J］. 国际经济评论，1984（9）：64-67.

［19］才凤伟 . 农民工城市创业影响因素研究 ［J］. 西北农林科技大学学报（社会科学版），2013，13（6）：27-32.

［20］陈玲 . 机遇与挑战：高校女大学毕业生自主创业研究——以郑州市为例 ［D］. 郑州大学，2010.

［21］陈文超，陈雯，江立华 . 农民工返乡创业的影响因素分析 ［J］. 中国人口科学，2014（2）：96-105.

［22］程广帅，谭宇．返乡农民工创业决策影响因素研究［J］．中国人口·资源与环境，2013，23（1）：119-125.

［23］程伟．农民工返乡创业研究［D］．西北农林科技大学，2011.

［24］董沛武，张雪化．林业产业与森林生态系统耦合度测度研究［J］．中国软科学，2013（11）：178-184.

［25］杜志雄．家庭农场发展与中国农业生产经营体系建构［J］．中国发展观察，2018（Z1）：43-46.

［26］樊友猛，谢彦君．记忆、展示与凝视：乡村文化遗产保护与旅游发展协同研究［J］．旅游科学，2015，29（1）：11-24.

［27］方海兴．1949至1966年中国社会主义新农村建设研究［D］．陕西师范大学，2010.

［28］房琳，王颖．陕西省棣花古镇乡村文化旅游发展策略探索——锦里文化商业街经验借鉴［J］．辽宁农业科学，2016（5）：64-67.

［29］费杰．农民工返乡创业的障碍因素及对策［J］．行政与法，2008（9）：48-50.

［30］费孝通．晋商的理财文化［J］．读书，1995（5）：67-72.

［31］高逸菲．美丽乡村建设背景下乡村文化资源开发问题研究［J］．农村经济与科技，2016，27（19）：239-241.

［32］关于对从事个体经营的下岗失业人员和高校毕业生实行收费优惠政策的通知［J］．中国劳动保障，2006（4）：60.

［33］郭世松．大力推进美丽乡村文化生态建设［J］．领导科学论坛，2015（7）：11-13.

［34］郭志仪，金沙．中西部地区扶持农民工返乡创业的机制探索［J］．中州学刊，2009（2）：106-108.

［35］国务院．关于开展农村承包土地的经营权和农民住房财产权抵押贷款试点的指导意见［N］．人民日报，2015-08-25（001）.

［36］韩鹏云．中国乡村文化的衰变与应对［J］．湖南农业大学学报

（社会科学版），2015，16（1）：49-54.

[37] 何文斌. 刘家村——临武鸭养殖专业村 [J]. 湖南农业，2002（5）：4.

[38] 何彦霏. 城市文化与乡村文化的冲突与融合 [J]. 学理论，2016（1）：147-148.

[39] 胡豹. 返乡农民工创业能力提升探析 [J]. 农业经济，2010（11）：57-59.

[40] 胡锦涛. 高举中国特色社会主义伟大旗帜　为夺取全面建设小康社会新胜利而奋斗——在中国共产党第十七次全国代表大会上的报告 [J]. 求是，2007（21）：3-22.

[41] 胡锦涛. 坚定不移沿着中国特色社会主义道路前进　为全面建成小康社会而奋斗——在中国共产党第十八次全国代表大会上的报告 [J]. 求是，2012（22）：3-25.

[42] 湖南省商务厅. 2017 年湖南省电子商务报告 [EB/OL]. http://www.hunancom.gov.cn/ hnswt/xxgk/tjxx/mysj/201805/t20180508_5008758.html.

[43] 黄建新. 农民工返乡创业行动研究——结构化理论的视角 [J]. 华中农业大学学报（社会科学版），2008（5）：15-17.

[44] 黄金川，方创琳. 城市化与生态环境交互耦合机制与规律性分析 [J]. 地理研究，2003（2）：211-220.

[45] 黄炎培与中华职业教育社及徐公桥实验 [N]. 联合日报，2010-06-05（002）.

[46] 吉根宝，郭凌，韩丰. 旅游空间生产视角下的乡村文化变迁——以四川省成都市三圣乡红砂村乡村旅游社区居民体验为例 [J]. 江苏农业科学，2016，44（10）：528-533.

[47] 蒋福明，陈丽. 美丽乡村建设的伦理探析 [J]. 中南林业科技大学学报（社会科学版），2017（6）：28-31.

[48] 靳月. 民国乡村建设运动与社会主义新农村建设的比较研究

[D]. 吉林农业大学, 2008.

[49] 雷家军, 刘晓佳, 宋立华. 关于新时期乡村文化建设的几点思考 [J]. 江汉大学学报 (社会科学版), 2015, 32 (2): 58-64.

[50] 李含琳. 对我国农民工返乡创业问题的经济学思考 [J]. 青海师范大学学报 (哲学社会科学版), 2008 (5): 1-6.

[51] 李慧. 互联网+农业: 让农产品 "出村" 让信息 "进村" [N]. 光明日报, 2018-07-03.

[52] 李慧. 温州永嘉县美丽乡村文化建设研究 [D]. 浙江海洋大学, 2016.

[53] 李佳. 乡土社会变局与乡村文化再生产 [J]. 中国农村观察, 2012 (4): 70-75.

[54] 李录堂, 王建华. 回流农民工创业激励机制研究 [J]. 贵州社会科学, 2009 (4): 70-73.

[55] 李勇军, 王庆生. 乡村文化与旅游产业融合发展研究 [J]. 财经理论与实践, 2016, 37 (3): 128-133.

[56] 联合国教科文组织. 学会关心: 21 世纪的教育——圆桌会议报告 [J]. 教育研究, 1990, 5 (7): 73-76.

[57] 梁漱溟. 乡村建设论文集 [M]. 邹平: 山东乡村建设研究院, 1934.

[58] 梁漱溟. 中国文化要义 [M]. 上海: 上海人民出版社, 1949.

[59] 林成策, 郭百灵. 城镇化背景下我国乡村文化变迁及乡村文化建设问题探讨 [J]. 齐鲁师范学院学报, 2015, 30 (1): 37-42.

[60] 刘黎明. 教育生态观下的乡村文化与农村学校教育 [J]. 教育评论, 2016 (2): 39-42.

[61] 刘先明. 让大批大学生创业, 不是一条好路 [EB/OL]. http://www. boraid. com/darticle3/list1. asp? id=109506&pid=603.

[62] 鲁可荣, 程川. 传统村落公共空间变迁与乡村文化传承——以

浙江三村为例［J］. 广西民族大学学报（哲学社会科学版），2016，38（6）：22-29.

［63］吕宾，俞睿. 城镇化进程中乡村文化内生性建设［J］. 学习论坛，2016，32（5）：55-59.

［64］吕丽. 返乡下乡创业创新助力大连乡村振兴［N］. 辽宁日报，2018-05-19（001）.

［65］罗丹妮. 翟城米氏父子的乡村自治之梦［J］. 中国改革，2008（8）：70.

［66］罗康隆. 社区营造视野下的乡村文化自觉——以一个苗族社区为例［J］. 中南民族大学学报（人文社会科学版），2015，35（5）：37-42.

［67］农业部办公厅组织开展"美丽乡村"创建活动［J］. 农业工程技术（新能源产业），2013（3）：1-3.

［68］庞朴. 中国文化十一讲［M］. 北京：中华书局，2008.

［69］佩鲁. 略论增长极的概念［J］. 经济学译丛，1988（9）：112-115.

［70］全国农村文化联合调研课题组，王家新，黄永林，吴国生，傅柴武，徐晓军，吴理财. 中国农村文化建设的现状分析与战略思考［J］. 华中师范大学学报（人文社会科学版），2007（4）：101-111.

［71］任继周. 系统耦合在大农业中的战略地位［J］. 科学，1999，51（6）：12-14.

［72］沙垚. 乡村文化传播的内生性视角："文化下乡"的困境与出路［J］. 现代传播（中国传媒大学学报），2016，38（6）：20-24，30.

［73］申林静. 陶行知生活教育理论研究［D］. 华中师范大学，2008.

［74］石智雷，谭宇，吴海涛. 返乡农民工创业行为与创业意愿分析［J］. 中国农村观察，2010（5）：25-37.

［75］史莉. 留住三晋"乡村文化记忆"［N］. 山西日报，2016-03-14（B03）.

［76］孙华．传统村落的性质与问题——我国乡村文化景观保护与利用刍议之一［J］．中国文化遗产，2015（4）：50-57.

［77］谭金花．乡村文化遗产保育与发展的研究及实践探索——以广东开平仓东村为例［J］．南方建筑，2015（1）：18-23.

［78］陶欣，庄晋财．农民工群体特征对其返乡创业过程影响的实证研究——基于安徽省安庆市的调查数据［J］．农业技术经济，2012（6）：87-94.

［79］汪东林．梁漱溟问答录［M］．长沙：湖南出版社，1991.

［80］汪三贵，刘湘琳，史识洁，应雄巍．人力资本和社会资本对返乡农民工创业的影响［J］．农业技术经济，2010（12）：4-10.

［81］王贵麟．乡村文化旅游品牌建设研究——泰州溱湖风景区乡村文化旅游品牌建设的做法与启示［J］．品牌，2015（1）：9-11.

［82］王进富，黄鹏飞，刘江南等．学科群与战略性新兴产业耦合度评价研究［J］．科技进步与对策，2015，32（2）：128-133.

［83］王景新．新乡村建设思想史脉络浅议［J］．广西民族大学学报（哲学社会科学版），2007（2）：156-162.

［84］魏凤，闫芃燕．西部返乡农民工创业模式选择及其影响因素分析——以西部五省998个返乡农民工创业者为例［J］．农业技术经济，2012（9）：66-74.

［85］魏凤，张海丽．西部返乡农民工创业环境评价——来自川陕2省8县（区）762个创业者的调查研究［J］．西北农林科技大学学报（社会科学版），2012（6）：7-14.

［86］翁钢民，周艳丽．旅游经济与生态环境系统耦合态势研究［J］．生态经济，2013（1）：16-19.

［87］吴理财，夏国锋．农民的文化生活：兴衰与重建——以安徽省为例［J］．中国农村观察，2007（2）：62-69.

［88］吴燕霞．村落公共空间与乡村文化建设——以福建省屏南县廊

桥为例［J］.中共福建省委党校学报，2016（1）：99-106.

［89］习近平.决胜全面建成小康社会　夺取新时代中国特色社会主义伟大胜利［N］.人民日报，2017-10-28（001）.

［90］习近平.建设美丽乡村不是"涂脂抹粉"［N］.新华网，2013-07-22.

［91］辛秋水.文化扶贫的发展过程和历史价值［J］.福建论坛（人文社会科学版），2010（3）：137-140.

［92］邢婷.返乡创业青年把乡土文化卖了个好价钱［N］.中国青年报，2015-03-02（003）.

［93］熊勇清，李世才.战略性新兴产业与传统产业耦合发展的过程及作用机制探讨［J］.科学学与科学技术管理，2010，31（11）：84-87.

［94］熊智伟，王征兵.基于TPB理论修正的农民工返乡创业意愿影响因子研究——以江西省262名农民工微观数据为例［J］.人口与发展，2012，18（2）：54-60.

［95］徐平.社会主义新农村的文化建设［J］.科学社会主义，2006（1）：56-59.

［96］许燕.人格心理学［M］.北京：北京师范大学出版社，2009.

［97］闫惠惠，郝书翠.背离与共建：现代性视阈下乡村文化的危机与重建［J］.湖北大学学报（哲学社会科学版），2016，43（1）：152-158.

［98］晏阳初.定县的实验（节选）［J］.中国改革（农村版），2003（5）：58-59.

［99］阳立高，廖进中，张文婧，李伟舵.农民工返乡创业问题研究——基于对湖南省的实证分析［J］.经济问题，2008（4）：85-88.

［100］杨琳.乡村文化建设路径探析——以L市农村文化礼堂建设为例［J］.重庆科技学院学报（社会科学版），2016（2）：93-96.

［101］杨群红.新农村建设背景下农民工返乡创业问题研究［J］.南都学坛，2008（6）：112-115.

［102］曾青云，邱平，孙卫星．"元功能"培养与返乡农民工再就业教育［J］．教育学术月刊，2010（3）：102-104.

［103］翟向坤，郭凌．乡村旅游开发中乡村文化生态建设研究［J］．农业现代化研究，2016，37（4）：635-640.

［104］张军，安月兴．加强返乡农民工创业教育培训研究［J］．当代经济管理，2009，31（8）：31-34.

［105］张明林，喻林，傅春．金融危机和产业转移背景下农民工返乡创业对策研究［J］．求实，2009（5）：53-55.

［106］张杉，赵川．乡村文化旅游产业的供给侧改革研究——以大香格里拉地区为例［J］．农村经济，2016（8）：56-61.

［107］张守广．卢作孚与北碚试验［N］．光明日报，2013-06-01（011）.

［108］张伟强，桂拉旦．制度安排与乡村文化资本的生产和再生产［J］．甘肃社会科学，2016（1）：208-212.

［109］张文斌，侯馨茹．乡村文化自信的缺失与培养路径探析［J］．现代中小学教育，2016，32（1）：1-4.

［110］张武升，肖庆顺．论文化与创造力培养［J］．教育研究，2015，36（5）：13-19.

［111］张晓琴．乡村文化生态的历史变迁及现代治理转型［J］．河海大学学报（哲学社会科学版），2016，18（6）：80-86.

［112］张秀娥，张峥，刘洋．返乡农民工创业动机及激励因素分析［J］．经济纵横，2010（6）：50-53.

［113］赵海涛，刘乃全．农民工跨城市二次流动与回流模式——基于最大似然估计方法的分析［J］．财经论丛，2017（12）.

［114］赵建军，胡春立．美丽中国视野下的乡村文化重塑［J］．中国特色社会主义研究，2016（6）：49-53.

［115］赵曼，刘鑫宏，顾永红．农民工返乡创业发展规律、制约瓶颈与对策思考——基于湖北省15县67名返乡创业者的纪实调查［J］．湖北

经济学院学报，2008，6（6）：68-73.

[116] 赵霞，杨筱柏．"人的新农村"建设与乡村文化价值重建研究［J］．农业考古，2016（3）：236-242.

[117] 赵霞．传统乡村文化的秩序危机与价值重建［J］．中国农村观察，2011（3）：80-86.

[118] 赵向阳，李海，Andreas Rauch．创业活动的国家差异：文化与国家经济发展水平的交互作用［J］．管理世界，2012（8）：78-90.

[119] 赵旭东，孙笑非．中国乡村文化的再生产——基于一种文化转型观念的再思考［J］．南京农业大学学报（社会科学版），2017，17（1）：119-127.

[120] 郑小艺．潍坊乡村文化旅游产品开发创新研究［D］．山东师范大学，2015.

[121] 中共中央国务院关于加快发展现代农业 进一步增强农村发展活力的若干意见［N］．人民日报，2013-02-01（001）.

[122] 中共中央 国务院关于实施乡村振兴战略的意见［N］．人民日报，2018-02-05（001）.

[123] 中国共产党第十六届五中全会公报［J］．当代广西，2005（21）：6-7.

[124] 重庆市涪陵区委党校《农民工返乡创业研究》课题组．农民工返乡创业的发展思路及政策建议——以重庆市涪陵区为例［J］．理论与改革，2011（6）：62-65.

[125] 周浩如．回转隔别二年的徐公桥［J］．教育与职业，1933（8）：672-678.

[126] 周连春．我国近代的乡村建设运动及启示［J］．经济参考研究，2007（63）：45-47.

[127] 周宇飞，贺明辉，熊孝娟．基于基层组织服务职能视角的农民工返乡创业研究——以湖南省芦溪县为例［J］．湖南行政学院学报，

2014 (5): 71-74.

[128] 周宇飞, 兰勇, 贺明辉. 新时代乡村文化对农民工返乡创业行为的影响 [J]. 西北农林科技大学学报 (社会科学版), 2017, 17 (1): 83-88.

[129] 周宇飞, 杨潮. 近郊乡镇农村文化基础设施建设与利用的调查 [J]. 职业时空, 2014 (5): 106-108.

[130] 周宇飞. 新时代乡村文化与农民工返乡创业意愿 [J]. 求索, 2017 (12): 122-130.

[131] 朱保安. 农村文化建设中存在的主要问题及发展对策 [J]. 河南社会科学, 2005 (1): 133-134.

[132] 朱红根, 解春艳. 农民工返乡创业企业绩效的影响因素分析 [J]. 中国农村经济, 2012 (4): 36-46.

[133] 朱红根, 康兰媛, 翁贞林, 刘小春. 劳动力输出大省农民工返乡创业意愿影响因素的实证分析——基于江西省 1145 个返乡农民工的调查数据 [J]. 中国农村观察, 2010 (5): 38-47.

[134] 朱红根, 翁贞林, 陈昭玖. 政策支持对农民工返乡创业影响的实证分析——基于江西调查数据 [J]. 江西农业大学学报 (社会科学版), 2011, 10 (1): 19-27.

[135] 朱考金, 姚兆余. "富教合一": 徐公桥乡村改进实验初探 [J]. 中国农史, 2007 (4): 125-131.

[136] 邹文姣. 留住乡土文化的根脉 [N]. 中国文化报, 2016-05-26 (001).

附录　农民工返乡创业与新时代乡村文化建设耦合机制研究调查问卷

编号：

新时代乡村文化建设与返乡创业意向调查问卷

感谢您在百忙之中抽出宝贵的时间回答我们的调查问卷，本问卷采用匿名方式作答，您的回答除了作为国家社会科学基金项目研究的基础以外，将不会披露给其他任何人，请您放心作答。谢谢您的配合。

受访者籍贯（必填）：_____　　　　调查员姓名：_____

第一部分　基础设施与政策（若是多选，请根据重要程度进行排序）

一、您现在主要用什么方式和家人好友联系？ _____

　　1. 托人捎信　　　　2. 写信　　　　　3. 固定电话

　　4. 手机　　　　　　5. QQ 等

二、您怎么上网？ _____

　　1. 很少上网　　　　2. 网吧　　　　　3. 在单位上网

　　4. 家里宽带　　　　5. 手机上网

三、您的生意信息来源主要是：_____

    1. 政府   2. 朋友   3. 自己调查

    4. 报纸杂志   5. 网络

四、您的家乡有农技站吗？_____

    1. 县里有   2. 乡里也有   3. 村里也有

五、您的家乡有图书室吗？_____

    1. 县里有   2. 乡里也有   3. 村里也有

六、您经常去图书室（馆）吗？_____

    1. 从没有去过   2. 一年一次   3. 一季度一次

    4. 一月一次   5. 一周一次

七、您村里的集体活动主要是：_____

    1. 什么也没有   2. 宗祠的活动   3. 端午、春节有些活动

    4. 节日有活动   5. 经常有集体活动

八、你知道你们当地有鼓励回乡创业的相关政策吗？_____

    1. 没有政策   2. 不知道有没有   3. 听说过，但是不清楚

    4. 知道，但是没有什么用   5. 知道，政策有作用

九、你们县里有创业园吗？_____

    1. 没有   2. 听说正在筹办 3. 有

十、您参加政府组织的创业培训吗？_____

    1. 没有   2. 参加过一次   3. 参加过两次及以上

十一、您参加过政府组织的技术培训吗？_____

    1. 没有   2. 参加过一次   3. 参加过两次及以上

十二、你知道政府能够提供创业优惠贷款吗？_____

    1. 不知道有没有   2. 没有政策   3. 听说过，但是不清楚

    4. 知道，但是没有什么用   5. 如果创业，准备申请

十三、您认为现在县乡干部的工作开展得怎么样？_____

    1. 他们在为老百姓服务   2. 他们想做好，但是没做到

3. 他们整天瞎折腾、瞎指挥　　4. 他们无所事事，只知道吃喝玩乐

5. 他们唯利是图、贪污成风

第二部分　创业个人意向

一、您的年龄？ _____

　　1. 不到 25 岁　　　　2. 26~30 岁　　　　3. 31~40 岁

　　4. 41~50 岁　　　　5. 51 岁及以上

二、你外出打工的经历怎样？ _____

　　1. 不到 3 年　　　　2. 3~6 年　　　　3. 7~10 年

　　4. 11~15 年　　　　5. 16 年及以上

三、您在外干过时间最长的行业？ _____

　　1. 建筑业　　　　2. 农业畜牧业　　　　3. 流水线工厂

　　4. 服务业　　　　5. 一般的加工业

四、您的家庭状况如何？ _____

　　1. 未婚　　　　2. 已婚无子女　　　　3. 孩子很少待在身边

　　4. 孩子一直待在身边　5. 其他

五、您的学历是怎样的？ _____

　　1. 小学　　　　2. 初中　　　　3. 高中

　　4. 大专　　　　5. 本科以上

六、您现在在家的原因： _____

　　1. 打工企业裁员或者倒闭

　　2. 希望在离家比较近的地方工作，能够照顾家人

　　3. 回家准备找机会自己创业

　　4. 暂时回家，过段时间再出去工作

七、您认为现在最理想的职业是： _____

　　1. 公务员　　　2. 教师或医生等稳定职业　　　3. 技术工作岗位

　　4. 企业销售员　　　5. 自主创业当老板

八、您最希望别人说你：_____

    1. 对社会有贡献   2. 可靠、够朋友

    3. 聪明、有本事、会赚钱   4. 孝顺父母

    5. 孩子有出息   6. 其他

九、您有没有想过自己创业？_____（如果此项选 1，请直接回答第三十二题之后的问题）

    1. 没有   2. 有

十、您选择创业的主要原因是：_____

    1. 创业比打工更加适合我   2. 别人能做的我也能够做到

    3. 做老板又赚钱又有面子   4. 多赚钱可以让家人生活更好

    5. 为子女多积累财富   6. 其他

十一、考虑到风险，你准备投入全部多少资金进行创业？_____

    1. 30%以下   2. 30%~50%   3. 51%~70%

    4. 70%~90%   5. 90%以上，如果项目合适   6. 其他

十二、您愿意选择怎样的方式创业？_____

    1. 朋友出钱自己出力   2. 挂靠一家大公司

    3. 与朋友合伙创业   4. 与家人一起创业

    5. 独立创业   6. 其他

十三、你觉得在外的工作经历，对你创业最大的作用是什么？_____

    1. 学到了重要的生产技术   2. 结识了很多朋友，建立了更多的关系

    3. 学到了许多创业管理经验   4. 更加了解所从事行业的特点

    5. 胆子比以前大多了   6. 其他

十四、你觉得你看到的那些老板成功的主要原因是什么？_____

    1. 有关系，产品有销路   2. 有技术，懂管理

    3. 脑子聪明，主意多   4. 有远见，有魄力

    5. 胆子大，运气好   6. 其他

十五、你创业准备阶段最担心的事情是什么？_____

1. 资金不够，不能够做更大的项目

2. 技术不过硬，产品有质量问题

3. 产品销路难以保证

4. 企业里面熟人太多，不好管理

5. 其他

十六、如果企业遇到较大的亏损，首先您会怎么做？ _____

    1. 找政府帮忙渡过难关   2. 找朋友帮忙，借钱渡过难关

    3. 缩小规模，等待市场好转   4. 寻找机会扩大销路

    5. 实在不行，关了厂子再找机会   6. 其他

十七、如果没有外出打工的经历，你会不会选择创业？ _____

    1. 不会   2. 可能不会   3. 可能会，但是想法不会和现在一样

    4. 很可能会   5. 肯定也会

十八、您认为现在进行创业的最大的优势是： _____

    1. 选择的产品很有市场   2. 自己的产品有技术优势

    3. 人脉资源广   4. 一心一意想做一番事业

    5. 其他

十九、创业时如果遇到困难，您肯定会首先： _____

    1. 找政府想办法   2. 和家人商量   3. 和朋友商量

    4. 和员工商量   5. 自己想办法，别人帮不了的   6. 其他

二十、当您的企业负债超过多少会非常紧张？ _____

    1. 50%   2. 60%   3. 70%   4. 80%   5. 90%   6. 其他

二十一、你选择的项目，打算做多长时间？ _____

    1. 市场不好就及时撤退   2. 收回投资后能做多久算多久

    3. 尽量一直做下去   4. 前期投资大，会一直做下去

    5. 相信自己会一直做下去   6. 其他

二十二、您认为，政府部门在你创业过程中有什么作用？ _____

    1. 和政府搞关系很麻烦   2. 没有优惠政策我也会自己做

3. 能够提供一些优惠政策就好　　　4. 搞好和政府的关系很重要

5. 没有政府的支持很难做下去　　　6. 其他

二十三、您和一些公务员打交道的时候，主要的目的是：_____

1. 为以后自己从政打下基础　　　2. 想办法弄点优惠政策

3. 打听一些项目的信息　　　　　4. 遇到麻烦时好找人帮忙

5. 只是因为合得来才跟他们交朋友　6. 其他

二十四、您最希望你的客户是怎样的人？_____

1. 可以成为朋友的人　　　　　　2. 可以长期合作的人

3. 能够体谅我难处的人　　　　　4. 不斤斤计较的人

5. 非常讲信用的人　　　　　　　6. 其他

二十五、您最希望你的供货商是怎样的人？_____

1. 可以成为朋友的人　　　　　　2. 可以长期合作的人

3. 能够体谅我难处的人　　　　　4. 不斤斤计较的人

5. 非常讲信用的人　　　　　　　6. 其他

二十六、创业过程中，如果家里突然有事，需要我照顾，我会：_____

1. 找人帮忙打理生意，我自己照顾家人　2. 尽量挤出时间两头兼顾

3. 请亲戚朋友帮忙照顾家人　　　　　4. 请保姆照顾家人

5. 经常打电话问候家人

二十七、如果创业过程中需要借钱，你首先会想到：_____

1. 父母　　2. 亲戚　　3. 朋友　　4. 银行　　5. 政府　　6. 其他

二十八、如果创业过程中需要借钱，你最有可能从谁那里借到钱？_____

1. 父母　　2. 亲戚　　3. 朋友　　4. 银行　　5. 政府　　6. 其他

二十九、您如果创业，将选择什么行业？_____

1. 养殖或种植业　　　　　　　　2. 农副产品加工业

3. 餐饮、超市等服务业　　　　　4. 打工中自己技术比较熟悉的行业

5. 有政策扶持的行业　　　　　　6. 有很大行业发展空间的行业

7. 其他

三十、您是从什么时候开始想创业的？ _____

    1. 回家之后没有合适的工作　　　2. 经过朋友的劝说之后

    3. 回家之后看到有机会　　　　　4. 打工过程中逐渐形成想法

    5. 外出打工前就有想过　　　　　6. 其他

三十一、如果亲戚朋友中没有出现过自己创业的人，您会不会先创业？

_____

    1. 肯定不会　　　　2. 很可能不会　　　　3. 可能不会

    4. 也可能会　　　　5. 肯定也会　　　　　6. 其他

三十二、您不想创业的主要原因是： _____

    1. 没有积累足够的资金　　　　　2. 缺乏做老板的才能

    3. 觉得风险太大　　　　　　　　4. 没有掌握必要的技术

    5. 因为家里人反对　　　　　　　6. 因为亲朋好友没有人做过

    请按选择的重要程度排序： _____

三十三、您觉得周围的人创业的动机是因为想发财吗？ _____

    1. 非常正确　　　　2. 基本上正确　　　　3. 比较正确

    4. 不太正确　　　　5. 一点也不正确　　　6. 其他

三十四、您觉得身边的人创业成功是因为（请按选择的重要程度排序）：

_____

    1. 有关系，产品有销路　　　　　2. 他有技术、懂管理

    3. 他脑子聪明，主意多　　　　　4. 他有远见、有魄力

    5. 他胆子大，运气好　　　　　　6. 其他